VERENA TEISSL
Kulturveranstaltung Festival
Formate, Entstehung und Potenziale

D1705334

Verena Teissl, promovierte Komparatistin, ist Professorin für Kulturwissenschaft und Kulturmanagement an der FH Kufstein (Österreich) und Vorstandsmitglied des Fachverbandes Kulturmanagement e.V. Sie war Mitbegründerin des Internationalen Film Festival Innsbruck, Mitarbeiterin der Viennale – Vienna International Film Festival, Gründerin und Kuratorin der interdisziplinären Veranstaltungsreihe Videodrom film & lecture im ORF kulturhaus Innsbruck. Ihre Forschungsschwerpunkte sind u.a. Kulturbetriebsgeschichte und Medientheorie.

VERENA TEISSL

Kulturveranstaltung Festival

Formate, Entstehung und Potenziale

[transcript]

Diese Publikation kam zustande dank Förderung durch das Amt der Tiroler Landesregierung (Abteilung Kultur), des Tiroler Wissenschaftsfonds, der Stadtgemeinde Schwaz und der Fachhochschule Kufstein (Studiengang Sport-, Kultur- und Veranstaltungsmanagement)

Bibliografische Information der Deutschen Nationalbibliothek
Die Deutsche Nationalbibliothek verzeichnet diese Publikation in der Deutschen Nationalbibliografie; detaillierte bibliografische Daten sind im Internet über http://dnb.d-nb.de abrufbar.

© 2013 transcript Verlag, Bielefeld

Die Verwertung der Texte und Bilder ist ohne Zustimmung des Verlages urheberrechtswidrig und strafbar. Das gilt auch für Vervielfältigungen, Übersetzungen, Mikroverfilmungen und für die Verarbeitung mit elektronischen Systemen.

Umschlaggestaltung: Kordula Röckenhaus, Bielefeld
Lektorat: Esther Pirchner
Satz: Olimpia Salamon
Druck: CPI – Clausen & Bosse, Leck
ISBN 978-3-8376-2547-9

Gedruckt auf alterungsbeständigem Papier mit chlorfrei gebleichtem Zellstoff.

Besuchen Sie uns im Internet: *http://www.transcript-verlag.de*

Bitte fordern Sie unser Gesamtverzeichnis und andere Broschüren an unter:
info@transcript-verlag.de

Inhalt

Dank

Die vorliegende Forschungsarbeit wurde ermöglicht durch ein Forschungsstipendium des TWF – Tiroler Wissenschaftsfonds. Ohne diese Unterstützung wäre das Projekt nicht entstanden. Besonderer Dank gebührt Frau Mag. Schafferer und Herrn Landesrat Dr. Tilg.

Die Erhebung der Tiroler Kulturveranstaltungen sowie die Künstlerumfrage wurden von Bernadette Kössl, MA, durchgeführt.

Für kritisches Feedback, inhaltliche Inputs und allgemeine Unterstützung ist besonders zu danken:

Robert Kaspar, Anita Moser, Georg Oberthanner, Esther Pirchner, Angela Scalet, Andrea Sommerauer und Tasos Zembylas

sowie

Silvia Albrich-Warger, Juliane Alton, Horst Burmann, Maria Crepaz, Cornelia Daurer, Christof Dienz, Ingeborg Erhart, Katharina Ganser, Irene Kletschke, Martin Ladinig, Hans Lintner, Maria-Luise Mayr, Birgit Neu, Daniel Pöhacker, Rainer Praschak, Helmut Schönauer, Hannes Tschürtz, Erika Wimmer, Gernot Wolfram

Einleitung

Im August 2011 fand auf einer Alm bei Steinbach am Attersee ein
dreitägiges Kulturfest statt. »Bruno« war eine private, jedoch auch der
(ansässigen) Öffentlichkeit zugängliche Veranstaltung, bei der namhafte Künstler wie Robert Stachel vom Komikertrio Maschek (Wien) und
der Musiker Christof Dienz (Innsbruck/Wien) auftraten. Zielpublikum
waren Bekannte und Freunde der beiden Initiatorinnen Gina
Brandlmayr und Eva Baumgardinger, die beide seit vielen Jahren im
Kulturbetrieb arbeiten. Zielpublikum waren auch die auftretenden
Künstler selbst, und die ganze Veranstaltung besaß nicht nur den
Charme eines freundschaftlichen Treffens, sondern weit darüber hinaus
eine Dimension künstlerischer Erquickung, wie sie bei »normalen«
Veranstaltungen dem Druck von Erfolg manches Mal weicht. Familien
reisten an, es wurden kulinarische Köstlichkeiten angeboten, man hatte
Zeit, in den dargebotenen Künsten aufzugehen, sich berühren zu lassen
und darüber zu sprechen oder zu schweigen. Manche aus dem Dorf ge-
sellten sich dazu, in Tracht nach dem sonntäglichen Kirchgang oder
vor dem Mittagessen, als Christof Dienz seinen tongewaltigen Brunch
mit der Elektrozither anstimmte. Draußen braute sich ein Gewitter zusammen und drinnen bebte die Atmosphäre, es entstand ein Zeit-Raum
(Elfert 2009) für dichtes Erleben und Hingabe an die Musik. Es war ein
Fest der »ästhetischen Kultur« (Lord 2010, s.u.) als sinnliche Mittei-
lung, bei dem weder Auslastung noch Reichweite, weder Sponsoring
noch Subvention, weder Presseberichterstattung noch Marketingmaß-

nahmen von Belang waren. Es war eine kostbare Gelegenheit, eine Intensität zu erleben, die bei professionellen, künstlerisch-kulturellen Veranstaltungen immer da sein sollte. Diese Art der Zusammenkunft – finanziert über günstige Unterbringung und Einnahmen aus der Gastronomie – ist Ausdruck eines Hungers nach dem Anstimmen der inneren »Texte« in Kunstschaffenden wie Zuhörern, eine Art der gelebten kulturellen Praxis, für die im professionellen Alltag von Veranstaltern und Kunstschaffenden nicht immer Zeit und Muße vorhanden sind und die unser europäischer Lebensstil allgemein selten vorsieht.

Bei einem Vortrag im Rahmen der Salzburger Festspiele 2012 bezeichnete der Kulturvermittler und emeritierte Professor für Ästhetik Bazon Brock (1936) Festivals als »Zivilisationsagenturen«. Ausgehend von der multiplen kulturellen Identität in Großstädten sieht Brock den Wert und die Aufgabe von Festivals in ihrem übergeordneten Charakter, in transkulturellen Fragestellungen sowie den Erkundungsangeboten zu jenen Angelegenheiten, die die Menschheit beschäftigen. Die Kunst habe dabei die Aufgabe, alte Fragen immer neu zu stellen, auch in immer neuen Formensprachen, um Sichtbarkeit und Erkenntnis herzustellen. Nicht nur der abstrakte Charakter der Kunstformen, sondern auch die im steten gesellschaftlichen Wandel begründeten unterschiedlichen Interpretationen von archetypischen Fragen und klassischen Werken fordere zudem die Festivalorganisatoren in ihren Konzepten heraus. Bei der documenta 4, 5, 6 und 7 realisierte Brock die so genannte »Besucherschule«, um innovative Spielarten von Kunstvermittlung zu erproben. Für die Salzburger Festspiele sah er ein mögliches Konzept darin, dasselbe Werk in unterschiedlichen Interpretationen nebeneinanderzustellen, um so auch Geschichtssinn zu erzeugen. Wie immer Konzepte entworfen und umgesetzt werden, in der These von Festivals als »Zivilisationsagenturen« artikuliert sich eine gesellschaftliche Obliegenheit als wesensgebende Bestimmung, hinter die Fragen der Ökonomie, des Geschmacks und der funktionalisierten Publikumsorientierung zurückgereiht werden. Brock drückte auch in der geschichtlichen Herleitung von kulturellen Zusammenkünften aus dem Römischen Reich, wo »transkulturelle Gemeinschaften« sich menschlichen Grundthematiken wie Tod und Leid aus polyphonen Perspektiven widmeten, einen humanistischen Anspruch aus, den Kunst und Kultur innehaben, und den Brock zugleich im Vorschlag eines Nebeneinanderstellens unterschiedlicher Interpretationen desselben Werkes in eine postmoderne, vielstimmige Lösung überführte. (Fleischer 2012: http://oe1.orf.at/artikel/312283)

Die multiplen kulturellen Identitäten sind frühestens seit dem Aufkommen des Massentourismus und spätestens seit der digitalen Vernetzung kein Merkmal von Großstädten mehr, sondern finden auch in der Peripherie ihre Manifestationen – auch wenn die Rahmenbedingungen und Auswirkungen grundlegend anders sind. Denn wie in den Großstädten bildeten sich mentalitätsprägende Zusammenhänge auch in den kleinstädtischen und ländlichen Regionen aus. Sie bekamen eine Rolle übertragen, die in der Differenz zwischen Großstadt bzw. Metropole und Peripherie selbst sinnstiftend ist. Die Rahmenbedingungen und Möglichkeiten von Festivals in der Peripherie sind im Unterschied zu jenen in den Großstädten und Metropolen stärker an regionale Zusammenhänge gebunden, Zusammenhänge, die produktionsbezogene Umstände wie die Finanzierung und die kulturelle Infrastruktur ebenso umfassen wie rezeptionsbezogene Bedingungen, etwa die Art des Publikums und die Ausgestaltung des Kulturjournalismus.

Entstehung und Charakteristika von Festivals bzw. künstlerisch-kulturellen Veranstaltungen als »Zivilisationsagenturen« werden in der vorliegenden Publikation mit den besonderen Gegebenheiten in Tirol verknüpft. Anders als Brock, der sich auch auf antike Wurzeln besinnt, wird im Folgenden die historische Referenz auf das 19. Jahrhundert und die Einflussnahme der Technologisierung auf gesellschaftliche und ästhetische Modernisierung beschränkt. Die dadurch veränderte »Wahrnehmung und Aufmerksamkeit« sowie das neue Interesse am »Spektakel« (vgl. Crary 2002) wird thesenhaft als Grundlage für ein kulturelles Format der ästhetischen Moderne herangezogen: Kulturveranstaltungen fungieren in ihrer Aufmerksamkeitsdichte als einflussreiche Mitgestalter erst der industriellen und bürgerlichen, dann der Informations-, Wissens-, Erlebnis- und Konsumgesellschaft. Sie etablieren sich als prägende Bedeutungsträger von Kulturbegriffen. Da der Begriff »Kulturveranstaltung« sehr weit greift, werden im Folgenden die Begriffe künstlerisch-kulturelle Veranstaltungen bzw. festivaleske Kulturveranstaltungen zur Präzisierung verwendet. Darunter werden jene Veranstaltungen verstanden, die a) nach Inhalt und Ausrichtung sowie b) nach zeitlich und räumlich begrenzter Inszenierung vom Bezug zu den Kunstsparten wie bildender Kunst, Musik, Film, Literatur, Theater und Tanz leben. Es geht also um periodisch stattfindende, mehrtägige Veranstaltungen, bei denen es zu öffentlichen Aufführungen, Installationen und anderen Inszenierungsformen kommt und bei denen auch diskursive oder partizipatorische Programme angeboten werden (Anwesenheit von Künstlern und Künstlerinnen, akademische und interdisziplinäre Rahmenprogramme). Die vorliegende Publikation versteht sich insofern als erkenntnisorientierter Beitrag zur gesellschaftlichen, kulturpolitischen und diskursiven Relevanz künstlerisch-kultureller Veranstaltungen für Kulturbetrieb, Kulturverständnis und Kunstproduktion. In Abgrenzung zur Eventisierung, wie sie in den letzten Jahren im Veranstaltungswesen allgemein einen Boom erfahren hat, steht also das gesellschaftspolitische und künstlerische Potenzial von Kulturveranstaltungen im Sinne der Brock'schen »Zivilisationsagentur« im Mittelpunkt. Nicht berücksichtigt werden die ökonomischen Effekte von Kulturveranstaltungen in Form z.B. einer Umwegrentabilität für Hotellerie und Gastronomie. Die ökonomischen Auswirkungen stellen einen eigenen Forschungsbereich dar, exemplarische Studien dazu erstellen u.a. die Österreichische Kulturdokumentation – Internationales Archiv für Kulturanalysen (Wien) sowie das Bundesministerium für Unterricht, Kunst und Kultur.

Quellenforschung war im Rahmen des Forschungsvorhabens weder möglich noch angestrebt, vielmehr wurden bestehende Werke über einzelne Veranstaltungen und spartenbezogene Veranstaltungstypen herangezogen sowie das Format künstlerisch-kulturelle Veranstaltungen vor dem Hintergrund kulturwissenschaftlicher Erkenntnisse und kulturmanagerialer Herangehensweisen reflektiert und interpretiert.

Die in Kapitel »Impulse für eine Theorienbildung von Kulturveranstaltungen« vorgeschlagene Typologie versteht sich als originärer Beitrag zur Beschreibbarkeit und Einordnung von Kulturveranstaltungen. Forschungslücken, die im Verlauf der Recherche zutage traten und hier nicht geschlossen werden konnten, beziehen sich hauptsächlich auf zwei Themenbereiche: Zum einen fehlen für die geschichtliche Einordnung spezifische Interpretationen für die ersten Jahre nach 1945, etwa zur Rolle von Kunst und Kultur bei Entnazifizierungsstrategien. Zum anderen ist die Publikationssituation über Festivals mangelhaft. Die Bayreuther Festspiele (1876), die Salzburger Festspiele (1920) und die documenta (1955) stellen diesbezüglich Ausnahmen dar. Hingegen stellte der Kurator und Autor von »Die Biennale von Venedig. Eine Geschichte des 20. Jahrhunderts« (2012), Robert Fleck, während der Vorbereitung des österreichischen Pavillons der Biennale 2007 erstaunt fest, dass es bis zu diesem Zeitpunkt keine Geschichte der Biennale gegeben hatte, »obwohl es sich um die historisch bedeutsamste Kunstveranstaltung des letzten Jahrhunderts handelt« (Fleck 2012: 7). In manchen Fällen publizieren namhafte Festivals Festschriften oder Resümees anlässlich von Jubiläen wie die in Linz beheimatete Ars Electronica (1979, vgl. Leopoldseder 2004). Andere nützen Homepages zur Darstellung von Entstehung und Geschichte. Theoretische Einordnungen zur Institution selbst kommen dabei aber zu kurz. Auch die Geschichte und Theorienbildung spartenbezogener Kulturveranstaltungen wurde bislang wenig bearbeitet. Pionierhaft analysierte die niederländische Kultur- und Filmwissenschaftlerin Marijke de Valck die europäische Filmfestivalgeschichte in »Film Festivals. From European Geopolitics to Global Cinephilia« (2007) und stützte sich auf die Systemtheorie und die Akteur-Netzwerk-Theorie (ANT), um die paradigmatischen Veränderungen von Filmfestivals seit 1932 zu erklären (de Valck 2007: 32ff). Die deutsche Kulturmanagerin Jennifer Elfert setzte sich in »Theaterfestivals. Geschichte und Kritik eines kulturellen Organisationsmodells« (2009) mit Organisations- und Netzwerkstrukturen auseinander. Sie sieht im zeitlich sowie örtlich begrenzten Charakter von Fest, Gemeinschaft und Ereignis ein zentrales Erklärungsmodell für die Wirkungskraft von Festivals (Elfert 2009). Beide Autorinnen stellen europäische Film- bzw. Theaterfestivals in übergeordnete Zusammenhänge und untersuchen das Format »Festival« als theorie- und diskursstiftenden Rahmen für die kulturelle Praxis. Einzigartig für die Tiroler Kulturveranstaltungsgeschichte ist die kommentierte minutiöse Chronik »die österreichischen jugendkulturwochen 1950-1969 in innsbruck« (2006) der Musik- und Literaturwissenschaftlerinnen Christine Riccabona, Erika Wimmer und Milena Meller.

Das Ziel der vorliegenden Publikation, eine erkenntnisorientierte und typologische Bestandsaufnahme der Kulturveranstaltungslandschaft in Tirol anzubieten, wird anhand mehrerer, zum Teil weitläufiger Kontexte erarbeitet. Als zentral werden die geschichtliche Einbettung des Formats Kulturveranstaltung in die ästhetische Moderne sowie theorieorientierte Referenzen zur Wirkungsbezogenheit von künstlerischer Rezeption und Produktion erachtet. Die Ausführungen zur historischen Entwicklung von festivalesken Veranstaltungen werden deshalb nicht nur auf Tirol bezogen. Vielmehr soll ein Überblick über die Entstehung und Bedeutung von künstlerisch-kulturellen Veranstaltungen in einem breiteren Rahmen gegeben werden: Das Kapitel »Geschichtliche Wurzeln von Kulturveranstaltungen« widmet sich diesen Zusammenhängen anhand paradigmatischer künstlerisch-kultureller Veranstaltungen ab der ersten Weltausstellung, auch bekannt als Great Exhibition, in London 1851. Sie legte einen Archetyp fest und beeinflusste z.b. die Struktur der Biennale di Venezia (1895). Die historische Entwicklung im Spiegel sich verändernder gesellschaftlicher und künstlerischer Bedürfnisse nimmt bei Elfert und de Valck eine Schlüsselposition ein. Aus beiden Arbeiten wird ersichtlich, dass Veranstaltungen in hohem Maße dazu beitragen, wie Kultur- und Spartengeschichte geschrieben, entwickelt und rezipiert wird, und dass dieser Aspekt bislang zu wenig Beachtung fand, wenn es darum ging, Kunst- und Kulturgeschichte zu interpretieren. Kulturtheorie und Kulturmanagement legen beide den Blick darauf frei, dass Kulturveranstaltungen internationale Achsen legen und Austausch ermöglichen (dabei auch selektiv lenken). Auf diese Weise treiben sie die Wechselseitigkeit von Einflüssen voran. Zugleich wirken sich Kulturveranstaltungen neben der Programmselektion durch ihre Inszenierung und ihren produzierenden Charakter auf die Identitätsbildung von Publika sowie die Beschaffenheit von Kunstformen aus. Der gestalterische Aspekt von Kulturveranstaltungen wird ab der documenta intensiviert und ein neues, theoriegeleitetes Selbstverständnis des kuratorischen Berufsfeldes bildet sich heraus. Dies forciert zugleich die Frage danach, wie welche Wirkungen bei wem erzeugt werden, welchen Einfluss Kulturveranstaltungen auf Rezeption und Kanonisierung sowie auf regional, national oder international vorherrschende Kultur-, Kunst- und Identitätsbegriffe ausüben. Ein weiterer zentraler Aspekt ist der so genannte produzierende Charakter von Festivals in Form von Wettbewerben und Auftragswerken. Damit leisten Kulturveranstaltungen einen fundamentalen Beitrag zum Fortbestand des künstlerisch gestalteten Diskurses als Kernelement der ästhetischen Kultur. Die Bedeutung von künstlerisch-kulturellen Veranstaltungen für die Produktion und Ermöglichung von künstlerischen Diskursen erhöht sich vor der virtuellen Kommunikationswelt nicht nur auf Ebene des sinnlichen Erlebens, sondern auch als bedeutsame Einnahmequelle für Kunstschaffende sowie Kulturbetriebe. Sowohl die Gestaltung und Inszenierung als auch der produzierende Charakter von festivalesken Veranstaltungen bilden sich ab der documenta als zentrale Paradigmen für die zweite Hälfte des 20. Jahrhunderts ab.

Mit dem Grad ihrer Autorität wird eine Kulturveranstaltung zu einem einflussreichen Knotenpunkt, dessen größter Effekt im kulturmanagerialen Verständnis das Generieren von künstlerischen und kulturellen Prozessen als kommunikationsorientierte Vorgänge darstellt: Mit dieser Überlegung beschäftigt sich das Kapitel »Impulse für eine Theorienbildung von Kulturveranstaltungen«, in dem auf die Wirkungsbezogenheit künstlerisch-kultureller Veranstaltungen auf unterschiedlichen Rezeptionsebenen eingegangen wird. Das von Hans Robert Jauß (Jauß 1967) eingeführte rezeptionsästhetische Konzept des »Horizontwandels« bei Lesern von Literatur stützt diese Betrachtung ebenso wie die kulturwissenschaftliche Beschreibung der »Sites of Passage«

(»Übergangsorte« bzw. »Übergangsprozesse«) nach Marijke de Valck. De Valck macht darin den Einfluss von Kulturveranstaltungen auf die Kunst- und Kulturproduktion beschreibbar, verknüpft also die Rezeption bei Publikum und Kunstproduktion. Die in diesem Kapitel vorgeschlagene Typologie von Kulturveranstaltungen baut auf strukturgebenden Faktoren und möglichen Effekten auf.

Die Entwicklung in Tirol wurde unter Heranziehung des relationalen Verhältnisses zwischen Zentrum und Peripherie betrachtet. Es ermöglichte eine kulturmanageriale Kontextualisierung und lenkte den Blick auf Rahmenbedingungen durch und für Kulturpolitik, kulturelle Infrastruktur, Kulturschaffende, Künstler und Publika in der Peripherie. Als zentrales Werk zur kulturpolitischen Geschichte und Veranstaltungsentwicklung im Tirol der Nachkriegszeit erwies sich Irmgard Plattners Beitrag »Kultur und Kulturpolitik« (1999) im vierbändigen Buch »Tirol. Land im Gebirge«, herausgegeben von Michael Gehler. Weiters lieferten die Werke von Christoph Mader (o.J., ca. 1981), Sieglinde Hirn (1987), Ingeborg Teuffenbach (1990), Felix Mitterer (1991), Magdalena Hörmann (1994), Stefanie Holzer und Walter Klier (2004), Christine Riccabona, Erika Wimmer und Milena Meller (2006) sowie Bernhard Kathan (2012) wertvolle Daten und Kontexte. Die TKI – Tiroler Kulturinitiativen/IG Kultur Tirol erstellte 2012 ein Konzept mit dem Titel »Stärkung zeitgenössischer Kulturarbeit in den Regionen« als Auftragsarbeit der Kulturabteilung des Landes Tirol. Darin wird die Bedeutung von zeitgenössischer Kunst und Kultur hinsichtlich der sozial-, kultur- und wirtschaftspolitischen Aspekte dargestellt. Rahmenbedingungen wurden problematisiert, Best-Practice-Beispiele in Tirol und ganz Österreich vorgestellt und ein Katalog mit Empfehlungen erstellt (vgl. TKI 2012).

Die Kulturveranstaltungsgeschichte in Tirol, so legt eine Interpretation der Chronologie und Ereignisse nahe, trägt in sich ein Narrativ, das im vorliegenden Text als »Tiroler Dichotomie« bezeichnet wird und als Polarisierung zwischen volkstümlichen und zeitgenössischen Kulturbegriffen und Kulturangeboten zusammengefasst werden kann.

Der empirische Teil schließlich umfasst eine Übersicht des aktuellen Angebots von künstlerisch-kulturellen Veranstaltungen in Tirol, die seit 2012 bestehen, sowie den Vorschlag einer typologischen Interpretation. Zudem wurde eine Umfrage unter Tiroler Kunstschaffenden durchgeführt, um den Stellenwert von Tiroler Kulturveranstaltungen für die künstlerische Produktion und die Unterstützung der Kreativen zu erfragen. Die Umfrage wurde von den Interessenvertretungen der einzelnen Sparten unterstützt und umfasst einen geschlossenen Teil für die statistische Erhebung sowie einen offenen für das qualitative »Feeding Forward«.

Ausgangslagen

Kunstschaffende sprechen gerne davon, dass ein Werk mehr weiß als seine Urheber. Im intensiven Prozess, den Kunstschaffende bei der Kreation ihrer Werke durchlaufen, fließen Inspiration, spezifisches Können und die bewusste und/oder unbewusste Einbindung gesellschaftlicher Kontexte zusammen und werden in der jeweiligen Kunstsprache reflektiert und ausgedrückt. Ob kritisch oder visionär in der Aussage, ob traditionell oder avantgardistisch im Stil, ob affirmativ oder transformierend im Sinne des Jauß'schen Horizontwandels (Jauß 1967) in der Wirkungskraft – ohne jenes »ästhetische Mehr« (Schweppenhäuser 2007), das den poetischen Sinn anspricht, ohne die Transzendenz von vitalen Essenzen einer Gesellschaft berühren Kunstwerke nur vorübergehend und ohne Spuren. Man kann eine Kulturveranstaltung recht ähnlich denken. Jede im besten Wortsinn berührende künstlerisch-kulturelle Veranstaltung ist mehr als die Summe ihrer Einzelteile, sie weiß sozusagen mehr als ihre Beteiligten bzw. Akteure. Denn auch eine Veranstaltung bewirkt durch Inspiration, Kompetenz und Ausdruck in Konzept und Inszenierung ein »ästhetisches Mehr«. Wie Künstler Medien der Tiefenstruktur ihrer Gesellschaft, ihrer Zeit und ihres Wandels sind, wirken auch Veranstaltungen wie Medien, welche die Reflexionen von Kunst und Kultur in einem inszenierten Zeit-Raum (Elfert 2009) anbieten. Festivaleske Veranstaltungen fungieren als Zwischenreich zwischen Kunstwerk und Publikum, sie verdichten, schaffen Plattformen und sind Gestalter der Beziehung zwischen Kunstwerken, Kunstschaffenden und Publikum. Durch diese Funktionen konzipieren sie regionale, nationale und internationale Räume mit, prägen Kulturbegriffe und Kunsterfahrungen, tragen zur kulturellen Bildung und zum internationalen Austausch bei. Sie sind sensible Gebilde an der Schnittstelle der drei kulturwissenschaftlichen Raumbedeutungen: dem politischen, dem historischen und dem soziologischen Raum (vgl. Assmann 2008). Im vorliegenden Buch werden diese Zusammenhänge allgemein betrachtet und im Spezifischen auf den Tiroler Raum übertragen.

Mehrtägige Kulturveranstaltungen, wie wir sie heute vornehmlich als »Festivals« kennen, bildeten sich ab dem späten 19. Jahrhundert als eigenes Format heraus, ohne dass man von einer geschlossenen Bewegung sprechen könnte. Sie entstanden punktuell aus wirtschaftlichen und/oder privaten Interessen oder als Reaktion auf die einschneidenden Veränderungen durch die Technologisierung im 19. Jahrhundert, von der Walter Benjamin 1936 schrieb, sie habe die gesellschaftliche Funktion und Seinsweise von Kunst konstitutiv verändert: Kult und Ritual der tradierten Kunstformen wechseln mit den reproduzierbaren Kunstformen in eine soziale und politische Funktion (Benjamin 1936, dt. 1955/1977: 32f). Bezog sich Benjamin auf Fotografie und Film erst in den von Adorno und Horkheimer später »Kulturindustrie« benannten Existenzformen, so spielte die Technologisierung schon zuvor eine paradigmenverändernde Rolle für die Wahrnehmung (vgl. Crary 1999 und 2002). Festivaleske Veranstaltungen entstanden insofern als Ausdruck dieser Veränderung, als eine Art Drehscheibe der ästhetischen Moderne. Dies verleiht ihnen eine konstruktivistische und soziologische Dimension. Die erste Weltausstellung 1851 in London, obschon eine industrielle Veranstaltung mit nur latent künstlerisch-kulturellen Zügen, wies zahlreiche Charakteristika einer »Zivilisationsagentur« der ästhetischen Moderne auf. Die Bayreuther Festspiele (1876), die Biennale di Venezia (1895), aus der die Festivals für Zeitgenössische Musik (1930) und Film (1932) hervorgingen, die Salzburger Festspiele (1920) sowie die Donaueschinger Kammermusiktage (1921) wirkten dann dauerhaft als originäre, richtungweisende künstlerisch-kulturelle Veranstaltungen. Sie lieferten Archetypen einer ästhetischen Veranstaltungskultur, die sich im 20. Jahrhundert kultur- und gesellschaftspolitisch ausdifferenzieren sollte.

Nach der ideologischen Vereinnahmung im Zweiten Weltkrieg standen Kulturveranstaltungen unter den Vorzeichen der Entnazifizierung sowie der politischen und kulturellen Öffnung. Exemplarisch hierfür steht die Gründung der documenta, welche 1955 das erste Mal stattfand. Kulturpolitiker und private Initiatoren forcierten in der Folge festivaleske Veranstaltungen mit doppelgeleiteten Interessen: zum einen, um die sich neu formierenden Demokratien sowie den europäischen Gedanken zu unterstützen, zum anderen, um den beginnenden Massentourismus durch kulturelle Angebote zu stärken. In den 1950er Jahren setzte auch die Entwicklung einer zunehmend ausgeprägten Netzwerkstruktur von Festivals ein. Ab den 1960er und 1970er Jahren manifestierte sich in den deutschsprachigen Ländern die Kulturveranstaltungslandschaft als Angebotspalette zwischen Avantgarde und Prestige, was die Zielrichtung betrifft, und in öffentlich-rechtlichen sowie privatrechtlich-gemeinnützigen Trägerschaften, was die Finanzierung und den rechtlichen Kontext anbelangt. Letztere konnten durch die Kulturfördergesetze, die ab den 1970er Jahren entstanden, ihren Anteil sukzessive ausbauen und bestreiten in Österreich inzwischen einen großen Teil des Angebots.[1]

Heute sind diese inzwischen etablierten Anbieter mit einer Vielzahl an Herausforderungen konfrontiert: Mit der Erlebnisgesellschaft, wie sie der Soziologe Gerhard Schulze zu Beginn der 1990er Jahre definierte (Schulze 1992), begannen unterschiedliche Arten von Veranstaltungen zu boomen. Die Zahl der Anbieter vervielfältigte sich und der

---

1 Das erste Kulturfördergesetz wurde 1974 in Vorarlberg erlassen, 1979 folgte Tirol und 1982 der Bund (vgl. Rögl 1998, Knapp 2005). Zwischen den öffentlichen-rechtlichen und den privatrechtlich-gemeinnützigen Einrichtungen herrscht aber ein Ungleichgewicht in der Gestaltung und Verteilung der öffentlichen Förderung.

Begriff »Event« trat im deutschen Sprachgebrauch hinzu (vgl. Elfert 2009). Tourismusanbieter, Wirtschaftsunternehmen und NGOs besonders aus dem sozialen Bereich erkannten das Potenzial von Kulturveranstaltungen und entwickelten »Events« kultureller Ausrichtungen zur Erreichung ihrer Ziele: mehr, jüngere, internationalere usw. Touristen anzusprechen, Kundenbindung zu ermöglichen, eine Steigerung von Image und Anzahl von Spendern sowie eine erhöhte Aufmerksamkeit im Wettbewerb zu bekommen. Zugleich findet seit den 1990er Jahren ein Umdenken in der Kulturpolitik statt, welches vielerorts von Sparmaßnahmen charakterisiert ist. Waren Kulturveranstaltungen noch bis Mitte der 1990er Jahre erwünschte Initiativen für die Belebung von Städten und Regionen, so steht man heute neuen Initiativen mitunter skeptisch gegenüber. Anders als in Niederösterreich, wo Landeshauptmann Erwin Pröll das Kulturbudget im Zeitraum von 1992 bis 2011 verdreifachte (von 36 auf 116 Millionen Euro, vgl. Trenkler [2012]: http://derstandard.at/1350258975382/Landeshauptmann-als-kulturpolitischer-Ermoeglicher), reagierte in Tirol die Landesregierung auf die allgemeine Budgetknappheit 2009 mit einer Einschränkung für Neugründungen im privatrechtlich-gemeinnützigen Bereich.[2]

Neben den Finanzierungsbedingungen sehen sich Veranstalter durch die Globalisierung und Glokalisierung[3] neuen Aufgaben gegenüber. Auch der Generationenwechsel spielt eine zentrale Rolle: »Digi-

---

2 In der Presseaussendung der Tiroler Kulturinitiativen hieß es: »Das Land Tirol plant als Ausgleichsmaßnahme zum Budgetdefizit Kürzungen der Ermessensausgaben des Kulturbudgets, also jener Ausgaben, aus denen alle Kulturinitiativen, die Kulturvereine, der ganze Kulturbetrieb in freier Trägerschaft gefördert wird.« (TKI – Tiroler Kulturinitiativen/IG Kultur Tirol 2009).

3 Glokalisierung bezeichnet nach u.a. Roland Robertson die Theorie, dass das Lokale im Globalen und das Globale im Lokalen verortet ist (Robertson 1998).

tal Natives« und »Digital Immigrants«[4] (Prensky 2001) teilen nicht dieselbe Welterfahrung, weil sie die Welt aus unterschiedlichen Kommunikationszusammenhängen heraus erfahren. Traditionelle Kulturveranstalter kommen in der Regel (noch) aus der Generation der Digital Immigrants, während das Publikum zu einem immer größeren Teil aus Digital Natives besteht. Die Werte der älteren Generation – in den meisten Fällen die Motivation zur Gründung privatrechtlichgemeinnütziger Kulturveranstaltungen besonders von den 1960ern bis in die 1990er – werden oft nicht mehr von der nachkommenden Generation geteilt. Ihre jeweiligen Unruhen der Welt gegenüber sind ebenso unterschiedlich, wie sie sich selbst in der Welt anders erfahren. Vereinfacht gesagt, unterscheiden sie sich durch die Generierungsart von Inhalten und Themen: Institutionell geprägten Inhalten durch Redaktionen und öffentliche Einrichtungen stehen usergenerierte Themen von Social Media und der Blogosphäre gegenüber. Eine solche Ausgangsituation erfordert Kunstfertigkeit in der Hervorbringung von Werte-Konglomeraten. Die Geschichte von Technologie und Kunst selbst zeigt, dass jede Ablöse fruchtbar war, dass nichts verloren geht, nur transformiert wird (Kerlen 2003). Der Generationenwechsel tut sich nicht zuletzt auch darin kund, dass mit den Angeboten zur kulturmanagerialen Ausbildung die Learning-by-Doing-Generation von ausgebildeten Kulturmanagern abgelöst wird. Dieser Wechsel ist ein tief greifender, jeder Transfer ist auch eine Transformation, und die Frage, inwiefern sich implizites Wissen explizieren lässt, spielt dabei eine grundsätzliche Rolle.

Eine in jüngster Zeit stark forcierte kulturmanageriale Forschungsausrichtung ist die empirische Publikumsforschung, die zugleich die

---

4 Der Pädagoge Marc Prensky prägte den Begriff »Digital Natives« für jene Generation, die mit digitalen Kommunikationstechnologien aufwächst. Die »Digital Immigrants« hingegen adaptieren diese Technologien zu einem späteren Lebenszeitpunkt und vereinen die Prägungen von unterschiedlichen Medienformen in sich.

Diskussion zwischen angebots- und nachfrageorientierter Programm-gestaltung mit sich bringt. Statistiken weisen auf ernüchternde Weise darauf hin, dass der Großteil der hochkulturellen Angebote nur von einer Minderheit der Bevölkerung genutzt wird – der Minderheit der gut bis sehr gut Gebildeten. In Deutschland sind die Analysen und Diskurse in Bezug auf Angebot und Nutzung stark auf den öffentlich-rechtlichen Bereich fokussiert, während in Österreich die Unter-scheidung zwischen Öffentlich-Rechtlichen und Privatrechtlich-Ge-meinnützigen weniger stark berücksichtigt wird. Die zunehmende Konkurrenz und Kommerzialisierung bei abnehmendem kulturpoliti-schem Engagement sowie einem fehlenden Nachweis kulturpolitischer Zielsetzungen sind Gründe dafür, dass Einrichtungen und Veranstal-tungen einem neuen Legitimationsdruck ausgesetzt sind. Weitere Ur-sachen sind die schlechten Bildungswerte nach den PISA-Studien des potenziellen Publikums. Auch wenn Kulturtreibende nicht primär dafür verantwortlich gemacht werden können, bekommen sie die Konse-quenzen dieser Entwicklung zu spüren, und sie können – als »quartäre« Bildungseinrichtungen – auch in die Pflicht genommen werden. Aber Bildung über den Weg »Kunst« bedeutet auch, den »achten« Sinn zu berücksichtigen: den poetischen Sinn, jenen, der die Wahrnehmung ei-nes »ästhetischen Mehr« freizusetzen vermag. Ohne diesen ursächli-chen Zusammenhang zwischen »ästhetischer Kultur« (Lord 2010) und ästhetischer Erfahrung laufen Kunst und Kultur Gefahr, pädagogisiert und damit in ihrer Essenz beschnitten zu werden.

Kulturveranstaltungen, die ähnlich einem Kunstwerk ein »ästheti-sches Mehr« produzieren, unterscheiden sich so von anderen Events ebenso, wie sie Unterscheidungsgrade zwischen einzelnen Kulturver-anstaltungstypen ermöglichen. Umwegrentabilität wie Tourismuswer-bung, unternehmerische Imagevermehrung und Spendenakquise sind in der Regel nicht die zentralen Motive, können aber dennoch erwirkt werden. Es ist eine Frage der Anordnung, ob Kultur zum »ökonomi-schen Katalysator« (van den Berg 2009) wird oder zum ideellen. Das »ästhetische Mehr« ist kein Selbstzweck, es erfüllt eine sinn- und dis-kursstiftende Aufgabe für Gesellschaften und Individuen: Im Verständnis des britischen Kuratorenpaars Barry und Gail Dexter Lord (Lord 2010) zählt die ästhetische Kultur neben der sozialpolitischen, der physischen und der materiellen zu den vier Archetypen, die sich in jeder Gesellschaft herausbilden. Während die materielle und die physische Kultur Basisbedürfnisse wie Nahrungsbeschaffung und Schutz vor den Elementen erfüllen, entstehen die sozialpolitische und die ästhetische Kultur aus jenem Überschuss, den die materielle und die physische generieren. »Überschuss« ist hier nicht im Sinne von »Überfluss« gemeint, sondern als Notwendigkeit für das Überleben und die Weiterentwicklung von Gesellschaften oder Gemeinschaften. Die Unterwerfung von Kunst unter Propaganda ordnen Barry und Gail Dexter Lord der soziopolitischen Kultur zu, welche den Zugang zum »Überschuss« regelt. Von den verheerenden Auswirkungen der Propaganda erzählt z.B. die Massenmanipulation durch den nationalsozialistischen Filmbetrieb. Die Beschneidung der ästhetischen Kultur durch Vereinnahmung der soziopolitischen zeigt sich in der Veranstaltungsgeschichte während des nationalsozialistischen Regimes (s.u.). Auch die »Kulturindustrie« wurde von Max Horkheimer und Theodor W. Adorno als »Betrug an den Massen« kritisiert (s.u.) und lässt sich in der Grauzone zwischen ästhetischer und soziopolitischer Kultur verorten. Anstatt aus den Erkenntnissen dispositiver Strukturen und ihrer Wirkungen einen allgemeinen Kulturpessimismus abzuleiten, wie dies Horkheimer und Adorno als Vertreter der Kritischen Theorie taten, scheint es heute zielführender, die Intensität von Wirkungspotenzialen als zutiefst ernstzunehmenden Parameter zu erkennen und die Dispositionen von Publika als zentrales Thema in die theoretische und empirische Forschung und Kulturbetriebsgeschichte mit einzubeziehen.

Geschichtliche Wurzeln von Kulturveranstaltungen

DIE WELT IM PAVILLON – DIE GREAT EXHIBITION (1851)

>»Die Art und Weise, wie wir absicht-
>lich auf etwas hören, auf etwas bli-
>cken oder uns auf etwas konzentrie-
>ren, [hat] in jedem Fall einen zutiefst
>historischen Charakter.«
>JONATHAN CRARY (2002: 13)

>»World's fairs are both a medium of
>cultural change and a measure of fit.«
>BARRY UND GAIL DEXTER LORD
>(2010: 5)

Kulturveranstaltungen sind neben fixen Einrichtungen wie Museen, Theatern, Galerien oder Kinos zentraler Bestandteil des Kulturbetriebs und der künstlerischen Praxis. Denken wir heute spontan an Glamour und Trubel bei Festspielen, Filmfestivals oder (Pop-)Musikfestivals, so erinnern die Weltausstellungen an das wesentlich tiefer gehende Konzept von kulturorientierten Veranstaltungen im Kontext der ästhetischen Moderne. Die erste Weltausstellung in London 1851 war, in Zahlen gemessen, etwas, das wir heute als »Megaevent« bezeichnen würden: 17.062 Aussteller auf einer Fläche von 86.500 Quadratmetern, 5.322 verliehene Auszeichnungen, 6.039.195 gezählte Eintritte (davon 42.000 ausländische Besucher) an 141 Öffnungstagen, die einen veritablen Gewinn lieferten (Kretschmer 1999: 34ff). Abseits dieser beeindruckenden Zahlen erzählt eine zeitgenössische Schilderung vom Tag der Schließung der Great Exhibition von Identifikation und großen Emotionen des Publikums:

»>Ein ungewöhnlich zahlreiches Publikum‹, so der Bericht der deutschen Kommission, [nahm] ohne irgendein Programm durch feierlichen Gesang der Nationalhymne […] rührenden Abschied von der Ausstellung. Das Gedränge im Transept war größer denn je; als die Sonne sich zum Scheiden senkte und die Polizei höflich um Entfernung zu bitten anfing, bemächtigte sich des Publikums eine unbeschreibliche Bewegung: tausende von Tüchern und Hüten hoben sich in die Luft und Vivats aller Art ertönten.‹« (Bericht der deutschen Kommission zit. in Kretschmer 1999: 50)

Die Weltausstellung war viel mehr als ein Ereignis, sie war ein Erlebnis. Im Jahrhundert, in dem die Geistes- und Naturwissenschaften sich definierten, gelang es dieser Veranstaltung, beide in ästhetischer Symbiose wieder zusammenzuführen. So hielt auch die Kulturwissenschaftlerin Elke Krasny fest: »Die große Entdeckung der Weltausstellungen ist sozusagen nicht das jeweils vorgestellte Objekt, die Präsentation wirtschaftlicher Potenz und technologischer Innovationen, sondern die ästhetische Dimension der vorgestellten Artefakte.« (Krasny 1996: 321f)

Die Weltausstellung spiegelte und transzendierte die Besonderheit eines Alltags, der bereits massiv von den Auswirkungen der Industriellen Revolution geprägt war. Eine gesellschaftliche Neustrukturierung schlug sich im Aufkommen der Arbeiterschaft bei gleichzeitiger Schwächung der Agrarkultur nieder, es kam zu Migrationsbewegungen. Kritische Gesellschaftstheorien wurden von Marx, Engels u.a. formuliert. Die nach wirtschaftlichen Kriterien entworfenen Weltkarten ordneten die Welt nach rein okzidentalen Vorstellungen und Wohlstandsbedürfnissen. Die kulturelle Neugier gegenüber nicht okzidentalen Kulturen wurde von der Abgrenzung gegenüber anderen Kulturen und von der Faszination, die das »Primitive« ausübt, charakterisiert. Das so genannte »Othering« fand hier, wie Edward Said Ende der 1970er Jahre kritisieren sollte, seine historische Zementierung, noch ohne Reflexion. Die Weltausstellung bildete diese europäisch gedachte Weltsicht in einer Verbindung von technischen Neuerungen, künstlerischer Gestaltung, Völkerschauen, Kunsthandwerk und weltweiten »Kuriositäten« ab und feierte die Industrie als wirtschaftliche Avantgarde neuer Gesellschaftsstrukturen. Der Essayist und Kunstkritiker Jonathan Crary untersuchte das Phänomen der Aufmerksamkeit als neuen Wahrnehmungsparameter im ausgehenden 19. Jahrhundert. Er stellte dabei einen dialektischen Zusammenhang fest zwischen »einem innerhalb der disziplinären Organisation von Arbeit, Erziehung und Massenkonsum geltenden Imperativ konzentrierter Aufmerksamkeit und einem Aufmerksamkeitsideal, das ein konstitutives Element der kreativen und freien Subjektivität ist.« (Crary 2002: 13) Die Vorstellung, so Crary weiter, »dass zwischen dem kultivierten Betrachter, der sich in ein bedeutendes Kunstwerk versenkt, und dem Fabrikarbeiter, der sich auf die Ausführung seiner Tätigkeit konzentriert«, ein ähnliches Erleben besteht, entbehre im ersten Andenken einer »qualitativen« Gemeinsamkeit (ebd.). Für Crary ist jedoch »die Möglichkeit von Konzepten einer reinen ästhetischen Wahrnehmung im neunzehnten Jahrhundert von jenem Modernisierungsprozess nicht trennbar, durch den das Problem der Aufmerksamkeit in den neuen institutionellen Konstruktionen einer produktiven und lenkbaren Subjektivität eine zentrale Stellung einnahm«. Zentral ist für ihn die Annahme, dass »technologische Formen von Spektakel, Schaustellung, Bildprojektion, Attraktion und Registrierung auch die Vorstellung von Wahrnehmung und Aufmerksamkeit transformiert« haben (ebd.: 14).

Beherbergt wurde die erste Weltausstellung – wie die meisten nachfolgenden – in einem eigens konstruierten Gebäude, dem Kristallpalast,
errichtet im Londoner Hyde Park nach Plänen von Joseph Paxton
(1803-1865). Per Parlamentsbeschluss war für den Kristallpalast keine
Nachnutzung nach Ende der Weltausstellung geplant, weshalb er nach
ihrem Ende abgerissen werden sollte; für diese Vorgehensweise gab es
planungs- und organisationstechnische Gründe.[1] Man mag heute darin
eine Geste der Verschwendung sehen, eine dem aktuellen Nachhaltig-
keits- und Stadtentwicklungsgedanken geradezu entgegengesetzte Um-
gangsweise mit ökonomischen Mitteln und Gestaltungsaufwand sowie
ein fehlendes Bewusstsein für die Aufgabe des Bewahrens potenzieller
kulturgeschichtlicher Denkmäler. Man kann dennoch darin auch den
enthusiastischen Willen dafür entdecken, eine eigene, vorübergehende
Welt zu erschaffen, eingehüllt in ein besonderes ästhetisches Kleid,
dessen Vergänglichkeit den immateriellen Wert der Veranstaltung und
den Genuss des Publikums einzigartig werden lässt. Zahlreiche zeitgenössische Quellen erzählen von der eindrücklichen Wirkung des enormen Glasbaus, von den ungewöhnlichen Lichtspielen im Transept –
dem Querschiff kathedralischen Ausmaßes –, von der besonderen Atmosphäre, die auch aus der spontanen Idee erwuchs, die Bäume im
Hyde Park nicht zu fällen, sondern in den Bau zu integrieren und so
nach dem Abbau keine gerodeten Flächen zu hinterlassen. Die Besonderheit dieser Architektur lag nicht nur in der Ästhetik des Baus selbst,
sondern in der Tatsache, dass der Raum dazu geschaffen war, ästheti-

---

1 Die Entscheidung, den Bau im Hyde Park anzusiedeln, war umstritten,
weshalb man von der Idee eines permanenten Gebäudes Abstand nahm; er
wurde in nur wenigen Monaten fertiggestellt und war nicht für einen lang-
fristigen Bestand entworfen. Allerdings wurde der Palast »von einer privaten Gesellschaft im Londoner Stadtteil Sydenham wieder aufgebaut [...].
Dort stand er gut 80 Jahre, bis er bei einem Brand am 30. November 1936
komplett zerstört wurde.« (Kretschmer 1999: 55) Hinter der privaten Gesellschaft stand Architekt Paxton.

sche Erfahrungen zu ermöglichen. Der Glaspalast glich nicht den Markt- oder anderen Hallen, in denen Waren feilgeboten wurden, auch nicht den Museen, wie sie ab 1734 der europäischen Öffentlichkeit zugänglich gemacht oder gegründet wurden[2], und auch nicht den Präsentationsgeländen, wie sie für die französischen Industrieausstellungen ab Ende des 18. Jahrhunderts eingerichtet wurden. Er war die Abbildung und Verdichtung der zeitgenössischen, technologisierten Welt in Raum und Zeit: Der Kristallpalast war ein »Sommernachtstraum in der Mittagssonne« (Lothar Bucher zit. in Kretschmer 1999: 18), bediente letztlich ein *poetisches Wollen.* Auch wenn die Initiatoren vielleicht gar keine so hohen Ambitionen gehabt haben mögen, so erkannte doch der Botaniker und Architekt Joseph Paxton die Gunst der Stunde und erwies sich in diesem Fall als Künstler sui generis. Kristallpaläste sind bis heute Wahrzeichen von Weltausstellungen bzw. Expos. Und sie waren Schauplätze der ersten Internationalen Kunstausstellungen in Deutschland: Der anlässlich der »Ersten Allgemeinen Deutschen Industrieausstellung« (1854) nach Vorbild von Paxtons Kristallpalast errichtete Glaspalast in München beherbergte 1886 und 1888 die Internationalen Kunstausstellungen.

Der Entstehung, Durchführung und Wirkung der ersten Weltausstellung liegen mehrere Faktoren zugrunde, aus denen sich prototypische Zusammenhänge ablesen lassen, welche in vielen Dingen auch auf Kulturveranstaltungen im heutigen Sinne zutreffen, so etwa die Allianz von politischen Repräsentationsinteressen mit dem gebotenen Spektakel für das Publikum. Der industrielle Wettbewerb bzw. die industrielle Leistungsschau als zentraler Gegenstand der Weltausstellung deckt sich zwar nicht mit den Sujets späterer Kulturveranstaltungen, hat aber dennoch einen gestalterischen, ideellen Archetypus geprägt, der auch

---

2 1734 wurde in Rom das Museo Capitolino für die Allgemeinheit geöffnet, 1753 gründete das British Parliament das British Museum in London (vgl. Pomian 1998).

auf heutige Großkulturveranstaltungen zutrifft. Vier Sektionen – Rohstoffe, Maschinen, Fabrikate und bildende Kunst[3] – bot die Weltausstellung 1851, eingebettet war sie in eine kommerzielle Trägerschaft mit gemeinnützigen Absichten: »Organisation und Leitung sollte eine zu gründende Royal Commission übernehmen, die Finanzierung blieb hingegen – ganz im Einklang mit dem wirtschaftlichen Credo – Privatsache.« (Kretschmer 1999: 24) Völkerverbindend war die Absicht, »Harmonie und Frieden unter den Nationen« (ebd.: 26) zu stiften und die Veranstaltung deshalb »international« zu gestalten. Allerdings wurde im 19. Jahrhundert der Begriff »international« anders verstanden als heute. Für die Great Exhibition bedeutete »international« die Miteinbeziehung all jener Nationen, die am Welthandel teilnahmen (darunter China), wobei hauptsächlich die USA, Europa und dessen Kolonien präsent waren: »94 Staatsverbände mit über 800.000 Millionen Einwohnern‹« (Amtlich deutscher Bericht zit. in ebd.: 32) waren zur Beteiligung zugelassen. Kretschmer verweist darauf, dass neben den zahlreichen Kolonien auch »die einzelnen Mitglieder des 1833 gegründeten deutschen Zollvereins« (Kretschmer 1999: 32) als Nationen zählten. In der weiteren Geschichte der Weltausstellung sollte sich die Opposition zwischen »Zentrum« und »Peripherie« als wertezuschreibende Vorstellung zwischen Europa und den Kolonien immer deutlicher manifestieren, wobei die als »primitiv« eingestuften Kulturen in ihrer Exotik – Produkt der okzidental geprägten Betrachtungsweise – zur Schau gestellt wurden.[4] Die völkerverbindende Absicht beruhte somit auf dem Kultur-, Werte- und Weltverständnis der okzidentalen Hegemonialkulturen. Die hierarchische Trennung zwischen »zivilisier-

---

3 Die zweite Weltausstellung 1855 in Paris sollte der bildenden Kunst noch mehr Aufmerksamkeit widmen, indem sie einen Palast erhielt, das Palais des Beaux-Arts.

4 Vgl. Marlon Fuentes' exemplarischen Dokumentarfilm »Bontoc Eulogy« (1995) über die zooähnliche »Ausstellung« philippinischer Völker bei der Weltausstellung in St. Louis 1904.

ten« und »primitiven« Gesellschaften sollte erst im vorgerückten 20. Jahrhundert aufbrechen und im Postkolonialismus eine diskursstiftende Theorie finden.

Auch in der Organisationsstruktur der ersten Weltausstellung spiegelten sich Kämpfe um die Präsentation und die damit verknüpfte Repräsentation: Aufgrund einer Rede des Bischofs von Oxford, Samuel Wilberforce, in der dieser sich für die Überwindung von Klassengegensätzen aussprach, bildete sich ein lokales Arbeiterkomitee, das als Unterorganisation des Veranstalters, der Royal Commission, an den Vorbereitungen mitwirken wollte; diese Forderung wurde allerdings abgeblockt (vgl. Kretschmer 1999: 26). Das Konzept der Weltausstellung blieb der Repräsentation bürgerlicher Schichten wie dem Großhändlertum und den Industriellen verhaftet.

Neben dem finanziellen Erfolg »nahmen drei internationale Entwicklungen ganz konkret zu der Weltausstellung ihren Ausgang«, so Kretschmer (Kretschmer 1999: 54): Die Weltausstellung 1851 wirkte sich nachhaltig auf Wissenschaft, Kommunikation und Internationalität aus. Kretschmer verweist auf die Gründung des Internationalen Kongresses für Statistik 1855 auf inhaltlichem Gebiet, die Entwicklung einer Postagentur auf dem Gebiet der internationalen Kommunikation sowie die Geburt des Massentourismus als ökonomisch-kulturelles hybrides Gebilde (ebd.).

Fehlende Erfahrungen hingegen manifestierten sich in der Ausstellungskonzeption oder auf interkultureller Ebene. Quantität stand vor Fokussierung, und die schier unüberblickbare Anzahl an Exponaten und Themenbereichen führte dazu, dass Berichte über die Ausstellung den Eindruck erweckten, jeder der Berichterstatter hätte eine andere Ausstellung besucht. Manch einer stellte sich die Frage, was eine Industrieausstellung denn eigentlich sei.[5] Die Verleihung von zahlreichen

---

5 »Den Eindruck des Beliebigen, Zusammengewürfelten nahmen schließlich etliche Beobachter mit nach Hause. […] War sie [die Ausstellung, A.d.V.] eine Sammlung all dessen, was die Gewerbe erzeugten, dann traf dies auf

Ehrenpreisen wiederum führte zu einer Missstimmung bei jenen internationalen Ausstellern, die keine Auszeichnung erhielten, wodurch das Ziel der völkerverbindenden Wirkung atmosphärisch beeinträchtigt wurde. Immerhin mag für die international besetzten 34 verschiedenen Fachjurys selbst der interkulturelle Austausch ein ganz neuer Erfahrungswert gewesen sein, wie Kretschmer andeutet (Kretschmer 1999: 53).

Allein in dieser sehr knappen Zusammenfassung werden die Zusammenhänge zwischen Finanzierung und Organisationsstruktur, Präsentation und Repräsentation ebenso deutlich wie die Auswirkungen von Selektion und Darbietungsweise von Exponaten. Ausstellungskonzeption, Internationalisierungsabsichten und der Einfluss von Hegemonialrollen waren damals nicht weniger relevant, als sie es für Kulturveranstaltungen heute vor dem Hintergrund der Globalisierungsdynamik unter neuen Vorzeichen sind. Seit der ersten Weltausstellung 1851 in London haben sich Veranstaltungen in einer höchst komplexen und ständig sich spezialisierenden Struktur weiterentwickelt. Die in den Fehlschlägen dokumentierte euphorische Unschuld der Anfänge ging spätestens in der Nachkriegszeit verloren und verschwindet heute hinter dem Druck des Professionalisierungsimperativs. Bei aller aus heutiger Sicht berechtigten Kritik dieser Anfänge soll das Zitat der Kulturtheoretikerin Elke Krasny nochmals das Wesenhafte der frühen Weltausstellungen vor Augen führen:

---

die ›Reihe der Pferdewägen‹ hier und die ›Pyramiden von Stiefeln‹ dort wohl zu, ›aber die getrockneten Pflanzen, mit denen die Wände dekorirt sind, und die Holzproben darunter sehen sehr nach einem Herbarium aus, die Metallstufen nach einem Mineralienkabinet, der sterbende Indianer in Marmor nach einem Museum der Künste, und was fangen wir mit den amerikanischen Zeitungen an, groß genug, dass ein Mensch sich darein wickeln kann, und mit den Waffen und Trachten der Rothäute?‹« (Lothar Bucher zit. in Kretschmer 1999: 40).

»Denkt man nicht an einzelne, exemplarische Ikonen und Pavillons, sondern versucht sich die Atmosphäre und das Flair der Weltausstellungen zu vergegenwärtigen, so entstehen ganz andere Bilder im Kopf. Man sieht ein ganzes Panorama der Erscheinungsformen von Welt; man denkt an die opulent-verschwenderische, opernhaft-pompöse, industriell-erfindungsreiche, exotisch-spektakelnde Welt des 19. Jahrhunderts. Fast intuitiv erfaßt man die Stimmungslage der Kultur des Spektakels, die für, auf und mit den Weltausstellungen erfunden wurde.« (Krasny 1996: 321)

17 Weltausstellungen fanden von 1851 bis 1926 in europäischen und US-amerikanischen Städten statt und spannten in der okzidentalen Welt ein Netz von Ereignissen zu technischen Neuerungen und weltweiten Phänomenen. 1928 institutionalisierte sich das Format mit der Gründung des Bureau International des Expositions (BIE), das seither die Ausschreibung und Gestaltung der »Expos«, wie die Weltausstellungen heute heißen, reglementiert.

ENTSTEHUNG VON GENUIN KÜNSTLERISCH-KULTURELLEN VERANSTALTUNGEN

Das erste künstlerisch ausgerichtete Kulturfestival der mitteleuropäischen Welt schuf Richard Wagner 1876 mit den Bayreuther Festspielen. Er wollte sich damit abseits der Metropolen von den Zwängen des Repertoirebetriebs frei machen und schuf sich quasi einen eigenen Produktions- und Rezeptionsraum für die von ihm konzipierte Opernform als Gesamtkunstwerk. Im Gegensatz dazu wurde die Idee zur Biennale di Venezia in einem »Kreis von Malern und Schriftstellern, der sich im Café Florian am Markusplatz traf« (Fleck 2012: 35) geboren. Sie waren unzufrieden mit ihrer Positionierung am internationalen Kunstmarkt und fanden Unterstützung bei den großen Hoteliers am Lido, die sich ihrerseits nach der Errichtung der Bahnverbindung nach Mitteleuropa Attraktionen wünschten (ebd.). 1895 fand nach einem entsprechenden Gemeinderatsbeschluss im Jahr zuvor die erste »Esposizione biennale« – heute Biennale di Venezia – bereits mit internationalem Charakter statt: Auf Anregung des Malers Bartolomeo Bezzi ließ man sich vom Konzept der Internationalen Kunstausstellungen inspirieren, wie sie u.a. 1886 und 1888 im Glaspalast in München stattgefunden hatten, und lud neben venezianischen und italienischen Künstlern auch die Münchner Secession ein (Fleck 2012: 35f). Den Gründergeist sieht Robert Fleck im Bürger- und Künstlertum verankert, und die Zielrichtung wird seiner Ansicht nach in Zitaten des Schriftstellers und damaligen Bürgermeisters von Venedig, Riccardo Selvatico, beispielhaft artikuliert: Dieser wollte die »hervorragendsten Aktivitäten des modernen Geistes ohne Unterscheidung von Land und Herkunft« präsentieren und sah die Kunst als »eines der wertvollsten Elemente der Zivilisation (und der) Geistesfreiheit wie auch (der) brüderlichen Verständigung aller Völker« (Selvatico zit. in Fleck 2012: 36). Fleck selbst ortet den »utopischen Impetus [...] von den Weltausstellungen des 19. Jahrhunderts abgeleitet« (ebd.). 156 der 258 präsentierten Künstler kamen aus dem Ausland, mit Ausnahme der USA war aber noch kein außereuropäisches Land vertreten (ebd.). Die Diskursstiftung sieht Fleck exemplarisch ausgedrückt im »Skandal« um das sozialkritische Kunstwerk »Il supremo convegno« von Giacomo Grosso:

»Das Bild wirkte für die Zeitgenossen modern, bestätigte aber ihre Sehgewohnheiten. Es war prickelnd, aufsehenerregend und theatralisch. Und es bewirkte für die erste Kunstausstellung von Venedig einen Skandal, der international ebenso zum Dauerthema in den Massenmedien wurde wie das Bild selbst.« (Fleck 2012: 30)

Die nachhaltig erfolgreiche Charakteristik der Biennale als Verkaufsausstellung bei gleichzeitig starker Diskursbildung führt Fleck auf den Umstand zurück, dass sie von internationalen Künstlern selbst und im Austausch mit diversen Künstlerschaften gestaltet wurde. »Dies wiederum war nur auf Grund der vergleichsweise provinziellen Situation Venedigs möglich. In den Hauptstädten hatten die Monarchien die

Kunstereignisse unter Kontrolle, wie bei den Internationalen Kunstausstellungen in München 1886 und 1888.« (Fleck 2012: 38, vgl. auch Zembylas 1997: 191ff)

Es wiederholen sich hier zwei Kontexte, die zur Gründung der Bayreuther Festspiele geführt hatten: Die »Flucht« aus den »kontrollierten« Metropolen und der experimentelle, kommunikationsorientierte Gestaltungswille der involvierten Künstler selbst, die mit dem Alltag des Repertoire- und Ausstellungsbetriebs unzufrieden waren. Die Biennale sollte im 20. Jahrhundert zu jenem Großfestival avancieren, das für alle Kunstsparten außer der Literatur eigene Festivals beherbergt: 1930 entstand im Rahmen der Biennale das Internationale Festival der Zeitgenössischen Musik, 1932 das Filmfestival und 1934 das Theaterfestival. Erst 1980 folgte die Architektur-Biennale und 1998 die Dance Biennale (www.labiennale.org/en/biennale/index.html). Die Mostra Internazionale de Arte Cinematografica 1932 firmierte als erstes internationales Filmfestival. Was die Neue Musik betrifft, waren aber bereits neun Jahre zuvor die Donaueschinger Kammermusiktage als Plattform für zeitgenössische Musik gegründet worden.

Mit den Donaueschinger Kammermusiktagen rückte erstmals ein Aspekt von festivalesken Veranstaltungen in den Mittelpunkt, der im 20. Jahrhundert von besonderer Bedeutung sein und das Format weiter ausdifferenzieren sollte: die gezielte Förderung von Avantgarde in Produktion und Rezeption. Auf der Suche nach Raum für Experimente abseits von Hör- und Aufführungsgewohnheiten initiierte der Komponist, Pianist und damalige Rektor der Musikhochschule Mannheim Willy Rehberg (1863-1957) dieses Festival zur Erschließung einer neuen Öffentlichkeit für das »Neueste in der Musik« (Nauck 2002: 2). Organisiert von Heinrich Burkhard und seinem Arbeitsausschuss, in dem u.a. Paul Hindemith (1895-1963) maßgeblich mitwirkte, hatten die Donaueschinger Kammermusiktage die Weiterentwicklung der Musik zum Ziel und »siedelten sich bewusst [...], dem Usus der Vorkriegszeit zum Trotz, jenseits der großen Kulturzentren an. In der badischen Provinz sollte sich eine interessierte Öffentlichkeit einfinden, um im Diskurs von Komponisten, Instrumentalisten, Publikum und Kritik

sich ganz auf die zeitgenössische Musik konzentrieren zu können.«
(http://mwi.unibas.ch/forschung/tagungensymposien/archiv/die-donau
eschinger-kammermusiktage-1921-1926).[6]

Die ersten Filmfestspiele von Venedig hingegen legten in ihrer Mischung aus kommerziellen und avantgardistischen, internationalen und
europäischen Interessen der Filmindustrie den Archetyp von Filmfestivals fest (de Valck 2007: 23ff). Die Filmfestivalgründung war zum einen motiviert von der gerade überwundenen Krise der europäischen
Filmindustrie durch den Tonfilm (ebd.).[7] Zum anderen wollte man der
Vormachtstellung entgegenwirken, die Hollywood errungen hatte.
Während die europäische Filmindustrie durch Kriege und Finanzkrisen
geschwächt war, hatte sich Hollywood durch vertikales Marketing und
den Aufbau eines Star-Glamour-Systems zur marktbestimmenden
»Traumfabrik« aufgeschwungen. Allerdings wurde die Entfaltung des
Konzeptes »Filmfestival« als »Zivilisationsagentur« erst in der Nachkriegszeit zur Gänze freigesetzt, als auch in Cannes und Berlin wett-
bewerbsorientierte Filmfestivals entstanden und die beginnende Auseinandersetzung über Sinn und Ziel dieses Veranstaltungstyps seine stete
Entwicklung förderte (vgl. de Valck 2007). In einer äußerst bewegten
und lebendigen Geschichte wurden Filmfestivals zu neuralgischen Be-
gegnungsstätten von Filmindustrie und Filmkunst und trieben die Internationalisierung des Mediums voran. Heute spricht man vom so genannten Film Festival Circuit mit geschätzten 4000 Festivals weltweit.

---

6   1927 wurde das Festival nach Baden-Baden verlegt und in »Deutsche
    Kammermusik Baden-Baden« umbenannt, 1930 wurde es nach Berlin
    übersiedelt und in »Neue Musik Berlin« umbenannt und fand dann erst
    nach Kriegsende wieder in Donaueschingen statt (www.swr.de/swr2/donau
    eschingen/ueberuns/-/id=2136968/nid=2136968/did=1612452/mpdid=2177
    342/v5913h/index.html).

7   Der Tonfilm war 1926 auf der Weltausstellung in Philadelphia vorgestellt
    worden, »The Jazz Singer« aus dem Hause Warner gilt als erster kommer-
    zieller Tonfilm für die Leinwände.

Wie die Weltausstellungen sind auch die Filmfestivals übergreifend institutionalisiert: Bereits 1933 gründete sich die Fédération Internationale des Associations de Producteurs de Films (FIAPF). Dieser Zusammenschluss aus weltweiten Produzenten reguliert bis heute die Filmfestivallandschaft, indem sie eine typologische Hierarchie sowie Zeiträume für die großen Festivals untereinander festlegt. Obschon oft kritisiert und von vielen Festivals ignoriert, garantiert diese Einrichtung, dass gerade zu Zeiten des Festival-Wachstums kein Kollaps entsteht, sondern mehrere Festivals neben- und miteinander wachsen können. Auch Qualitätskriterien werden von der FIAPF festgelegt, um den hohen Standard von Filmfestivals im Kern zu erhalten.

1920 fanden zum ersten Mal die Salzburger Festspiele statt. Wie die Bayreuther Festspiele und die Biennale di Venezia geht auch die Gründung der Salzburger Festspiele auf eine Initiative von Kunstschaffenden und kunstaffinen Bürgern zurück (www.salzburgerfestspiele.at/ geschichte). Bereits im ausgehenden 19. Jahrhundert war die Idee zu Festspielen von mehreren Einzelpersonen und Gruppen entworfen und mit unterschiedlichen Konzepten angedacht worden. Die Bayreuther Festspiele dienten dabei als Referenz ebenso wie zur Abgrenzung, womit zugleich der Diskurs über künstlerisch-kulturelle Veranstaltungen und ihre unterschiedlichen Profile bei ähnlichen Spartenbezügen einsetzte. In bewusster Abgrenzung von den Bayreuther Festspielen sollten die Formate Musiktheater und Konzert vor einem Personenwerk stehen, auch wenn die späte Würdigung von Mozart Pate für frühe Ideen zu den Salzburger Festspielen stand. Das touristische Potenzial war bereits damals mitgedacht und die Salzburger Festspiele entstanden von Beginn an als Repräsentanz der Hochkultur. Dass die Idee 1920 tatsächlich umgesetzt wurde, war dem »intellektuellen Überbau durch ihre zugkräftigen – Wiener – Protagonisten« (ebd.) zu verdanken. Hugo von Hofmannsthal, Max Reinhardt und Hermann Bahr sind einige der prominenten Namen, die sich mit der Genese verbinden. Seither sind die Salzburger Festspiele den Sparten Oper, Schauspiel und Konzert verpflichtet und fanden 2013 zum 94. Mal statt. Diese lange Geschichte spiegelt im Selbstverständnis der Institution »Ambivalenzen, Brüche und Kontinuitäten« (ebd.) wider, wobei sich das Narrativ der Ambivalenz als wohl kontinuierlichstes darstellt. »Tradition und Moderne«, »Bürgerlichkeit und Fortschrittlichkeit« (ebd.), nationale Hinwendung und kosmopolitisches Interesse, lokales Kulturhighlight und touristische Attraktion lassen sich bis heute aus dem Programmkonzept herauslesen. Neben der rituellen Aufführung von »Jedermann« und diversen Großproduktionen in Oper und Konzert sieht die Sektion Young Directors Project (YDP), die 2002 von Jürgen Flimm eingeführt wurde, Experimentelles vor. 2012 wurde in dieser Sektion unter der kuratorischen Leitung des deutschen Schauspielers und Theaterregisseurs Sven-Eric Bechtolf ein kontrovers aufgenommenes Auftragswerk des Tiroler Autors Händl Klaus aufgeführt. Die Preisträgerin des YDP, Gisèle Vienne, präsentierte hingegen Wiederaufführungen. Eine davon, »This is how you will disappear«, erfuhr bereits 2010 ihre Österreichpremiere im Rahmen des steirischen herbstes, der das Stück koproduziert hatte. Für seine Programmauswahl wurde Sven-Eric Bechtolf in den österreichischen Medien stark kritisiert, letztlich ein Hinweis darauf, dass experimentelle Formate, die in ein prestigereiches, multifunktional verwendetes Festival eingebettet sind, eine ganz besondere Kunst erfordern: eine souveräne Gratwanderung zwischen Imagetreue und dem sinnstiftenden Imagebruch. Jennifer Elfert sieht die Festspiele in Bayreuth und Salzburg als Vorläufer von genuinen Theaterfestivals, die ab den 1950er Jahren vermehrt entstanden und ab 1989 zu den wichtigsten Organisationsformen des Theaters wurden (vgl. Elfert 2009).

In anderen Kunstsparten verweisen unterschiedliche Zusammenhänge auf die geschichtlichen Wurzeln von Veranstaltungsformen, entweder um punktuell öffentliche Aufmerksamkeit zu erwecken und kontrollierte Kunstbegriffe zu etablieren oder weil die Ausdrucksform schlicht an eine Aufführung geknüpft war: Das Format der Vernissage entstand aus dem Austausch unter Kunstschaffenden anlässlich von Ausstellungseröffnungen und öffnete sich erst ab dem 19. Jahrhundert einem kunstinteressierten Publikum. Vernissagen in der heute bekannten Form sind, abgesehen von ihrer Kürze, nicht festivalesk kontextualisiert und konzipiert, im Unterschied zu den Biennalen ab Ende des 19. Jahrhunderts, welche den Gedanken an internationale Leistungsschauen für ein ebenso internationales Publikum in sich tragen. In Frankreich entstanden in der Mitte des 17. Jahrhunderts im Zuge der Gründung der Académie de Peinture et Sculpture (1648) die ersten akademischen Salonausstellungen »nicht als Künstlerinitiative, sondern basierend auf dem zentralistischen Willen Colberts (1619-1683), die Intellektuellen Frankreichs zusammenzubringen und zu kontrollieren« (Zembylas 1997: 198). Ab der Mitte des 18. Jahrhunderts wurde das Ausstellungswesen aus dem Staats- und Akademiemonopol befreit und zunehmend von den Kunstschaffenden selbst gestaltet (ebd.).

Musik war traditionell der Aufführungsform »Konzert« verhaftet. Erste Versuche, Aufführungen zur Promotion von Neuerungen zu nützen, finden sich im Bereich der Musik deshalb auch sehr früh: 1724 fand in England das Three Choirs Festival statt, 1772 folgten die Musikalischen Akademien der Tonkünstler-Sozietät in Wien und 1817 gab es in Deutschland die Niederrheinischen Musiktage (vgl. Nauck 2002: 2). Konzerthäuser entstanden ab 1761, das bürgerliche, gepflegte Musik-Hören etablierte sich besonders im 19. Jahrhundert, denn wie das Theater waren auch konzertante Darbietungen Teil der Populärkultur z.B. in »Kneipen. Kein Wunder freilich: Die Kneipe war der Bezirk von jedermann, sie war der Platz des erwachenden bürgerlichen Selbstbewußtseins.« (Schulze 2009: 45) Als progressive »Zivilisationsagentur« und in Abwendung vom Bürgertum wirkten dann vor allem die Festivals der Neuen Musik im Avantgarde-Bereich zum einen, die Jazz-, Pop- und Rockfestivalkultur als neue Populärkulturen ab den 1950er Jahren zum anderen: die Festivals der Neuen Musik, indem sie Neuerungen eine Plattform boten und sich von der Tradition konzertanter Aufführungen mit etablierten Künstlern befreiten, und die Jazz-, Pop- und Rockfestivalkultur, indem sie Jugend- und Protestkulturen einen Schauplatz bot. Mit der industriellen Reproduzierbarkeit durch Tonträger wurde das Erleben des musikalischen Ausdrucks orts- und zeitungebunden: Das Grammophon (1887, Emil Berliner), die Schellackplatte (1904) und der Plattenspieler (während des Ersten Weltkrieges) machten das Musikhören veranstaltungsunabhängig und revolutionierten – wie der Film – den Kulturbetrieb insgesamt. Im Unterschied zum Film, der als originäre Form nach langen Diskussionen als »Siebte Kunst« anerkannt wurde[8], waren die neuen Tonträger der Ausdruck eines allgemeinen Umbruchs in der Musikwelt, welcher sich mit dem Aufkommen von Jazz ein erstes Denkmal setzte. Als Archetypen der Protest- und Populärkultur, wie sie in der Nachkriegszeit in aller Intensität aufflammte, traten die Jazz-, Pop- und Rockfestivals ihren Siegeszug an. 1954 fand in Newport das erste Jazzfestival statt und 1969 wurde Woodstock zum Synonym für die Hippie-Kultur. Pop- und Rockkonzerte markierten den Beginn einer neuen Ära, nicht nur, indem sie der Populärkultur eine gesellschaftspolitische Plattform boten, sondern auch, weil sie paradigmatisch für eine neue Epoche der Kunstproduktion und -rezeption an sich standen: jene Ära, die vom einschneidenden Wandel in Ausdrucksmodalitäten und Kommunikationszusammenhängen modelliert ist. Von Max Horkheimer und Theodor W. Adorno wurde dieser Umbruch in der Produktion als »Kulturindustrie« kritisiert. Damit warfen sie die Frage nach der eingebetteten Ideologie auf, die die industriellen Herstellungs- und Verbreitungsmechanismen der Kunst- und Kulturproduktion einschrieb. Auch anhand der nationalsozialistischen Vereinnahmung künstlerisch-kultureller Veranstaltungen zeigt sich, dass, was zur Mitte des 19. Jahrhunderts Euphorie bewirkte, hundert Jahre später in ideologischen Missbrauch und Massenmanipulation eingebunden ist.

---

8 Der Begriff »Siebte Kunst« geht auf den italo-französischen Filmkritiker Ricciotto Canudo (1879-1923) zurück (vgl. Hoffmann 1979: 339).Wie bei der Fotografie entstand auch beim Film ein Misstrauen gegenüber der technischen Herstellung dieser Ausdrucksform, welche Subjekt und Talent als Urheber eines bürgerlichen Kunstbegriffes zu leugnen schien.

INDUSTRIELLE UND IDEOLOGISCHE
VERSTRICKUNGEN

Im 1947 erstmals erschienen Hauptwerk der Kritischen Theorie, »Dialektik der Aufklärung«, interpretierten Adorno und Horkheimer im Kapitel »Kulturindustrie, Aufklärung als Massenbetrug« den technologie- und industriebasierten Umbruch in der Kunstproduktion und -distribution hinsichtlich ihrer sozialen Wirkung nach ideologiekritischen und soziologischen Parametern. Sie orteten im Zuge der Reproduzierbarkeit und der daraus entstehenden Kulturindustrie eine »Entkunstung der Kunst«. Der Massenbetrug äußere sich darin, dass Kunst plötzlich einen Warenwert besitze. Derart werde die Komplexität von Kunst ausgeblendet, gehe ihrer sinnlichen Architektur und ihrer künstlerischen Aussagen verlustig. Die Zugänglichkeit werde nicht mehr in intellektuellen und erhabenen, sinnlichen und rituellen, sondern in ökonomischen Maßstäben gemessen. Obschon dieser Ansatz mehrfach als Elitismus kritisiert wurde, lassen sich die Thesen zur Kulturindustrie nach Adorno und Horkheimer nicht auf eine elitäre Sicht reduzieren. Indem sie den Umstand betrachteten, dass aus künstlerischen Aussagen renditenträchtige Produkte gemacht werden, artikulierten sie letztlich ein semiotisches Problem in der Beziehung zwischen Kunstwerk und Publikum. Denn dieser Warencharakter veränderte die Rezeptionsweise und dadurch die Aussage. So würden beide hintergangen, Kunstwerke wie Rezipienten. Die Kulturkritik von Adorno und Horkheimer kann als zeitgenössische Reaktion nicht nur auf die beginnende tief greifende Veränderung in Angebot und Nutzung von Kunst verstanden werden, sondern auch auf die manipulative Rolle der Massenkommunikation sowie auf hegemonial wirkende Unterhaltungsindustrien.

Ein halbes Jahrhundert später sind die Perspektiven auf diese einschneidende Veränderung in der gesellschaftlichen Kommunikation und Wahrnehmung nicht mehr auf die manipulative Kraft oder den Warenwert beschränkt – die gleichwohl Teil jeder kritischen Analyse bleiben. Die Antipoden Mainstream und Avantgarde sowie alles dazwischen gedeihen durch das Aufkommen der reproduzierbaren Künste mit neuen Spielregeln des Massenkonsums, aber auch der Subversion. Für beides nehmen Festivals eine bedeutende Rolle als Drehscheiben ein, als Labore für die stete Weiterentwicklung künstlerischer Formsprachen und als Orte, wo Gegenöffentlichkeit entstehen kann. Die Neuorganisation der künstlerischen Ausdrucks- und Wahrnehmungsmöglichkeiten begann mit der Technologisierung im 19. Jahrhundert und setzt sich heute mit dem Cyberspace fort.[9] Der Manipulation und Hegemonie der Kulturindustrie stehen zahlreiche andere, neue Effekte gegenüber, wie das Erscheinen immer neuer Subkulturen in der Popkultur und DJ-Kultur (vgl. Poschardt 1998, Reynolds 2012) sowie die Demokratisierung von technologiebasierten kreativen Ausdrucksformen etwa in der Remix Culture (vgl. Lessig 2004, 2008). Die reproduzierbaren Künste traten mit der Industriellen Revolution zu jenen hinzu, die in der Tradition des »Originals« stehen. Damit entstanden innerhalb des Kunstsystems neue symbolische Formen und Felder, welche die Beziehung zwischen Kunstschaffenden und Publikum ebenso veränderten wie die Möglichkeiten im kreativen Ausdruck. Indem Benjamin schrieb, dass mit den reproduzierbaren Künsten traditionelle Funktionen von Kunst, wie das Kultische und das Rituelle, verloren gingen, dafür aber eine soziale und eine politische Dimension neu entstünden (s.o.), deutete er auf ein wesentliches Kriterium hin: Die Unterscheidung zwischen dem ideologischen Ge- und Missbrauch von reproduzierbaren Künsten und ihren davon unabhängigen ästhetischen Werten. Der Kulturwissenschaftler Raymond Williams (Williams 1958, dt. 1972) postulierte Kultur als »umfassende Lebensweise«, zu der technologisch motivierte Paradigmenwechsel beitragen, ohne zwingend eine Verminderung ästhetischer Werte herbeizuführen. Vielmehr geht es um immer *neue Strukturen*

---

9   In ihrem Buch »Die stille Revolution« (2012) stellt die Kulturwissenschaftlerin Mercedes Bunz die paradigmatischen Auswirkungen der Digitalen Revolution jenen der Industriellen Revolution gleich.

von Wahrnehmung, wie dies auch Crary umfassend dargelegt hatte (vgl. Crary 2002). Mit dem Kulturwissenschaftler Wimal Dissanayake könnte man sagen, dass die neue Phase der Globalisierung im Zuge der digitalen Revolution ebenso eine neue Struktur zu fühlen ermöglicht, wie das bereits die Technologisierung im 19. Jahrhundert getan hatte (vgl. Dissanayake 2004: 27ff).

Die erste Weltausstellung 1851 verdichtete diese neue Struktur zu fühlen im Wahrnehmungsraum Kristallpalast, machte sie in einer Veranstaltung und damit ästhetisch manifest.[10] Die ideologische Analyse indes kann in demokratischen Gesellschaftsformen nicht allgemein an der Produktionsweise von Künsten festgemacht werden, sondern muss in seine jeweilige dispositive Machtstruktur rückgeführt werden. Anhand der nationalsozialistischen Zeit zeigt sich der massive Einfluss dieser dispositiven Machtstruktur auch und gerade anhand der künstlerisch-kulturellen Veranstaltungen sowie der veranlassten Kulturbegriffe.

Die deutsche Kulturpolitik wurde mit der Machtergreifung Hitlers 1933 in Form der Reichskulturkammer mit sieben Einzelkammern (Musik, Theater, Schrifttum, Presse, Rundfunk, Film, Bildende Künste) in das Ministerium für Volksaufklärung und Propaganda eingegliedert. Bühnen, Festivalhäuser und Konzerthallen sowie die Unterhaltungsindustrie wurden zur ideologischen Gleichschaltung benützt, die ästhetische Moderne besonders in den Sparten Bildende Künste und Musik als »entartet« diffamiert. Das prägende Schlagwort der »entarteten Kunst« wurde im Sommer 1937 in einer Femeschau wirksam inszeniert und mit Emotionen befüllt: Einen Tag nach der pompösen Eröffnung des als Tempel der »wahren deutschen Kunst« errichteten

---

10 Bezüglich der Kunstproduktion ist festzuhalten, dass weder die technologiebasierte Medienentwicklung ab der Entwicklung der Fotografie noch die Industrielle Revolution aus der Kunst kamen oder für sie gemacht waren. Film- und Musikindustrie sind eigentlich Abfallprodukte dieser Entwicklungen, wenn auch lukrative.

Hauses der Deutschen Kunst in München wurde in direkter Nachbarschaft die Ausstellung »Entartete Kunst« eröffnet. Die räumliche Nähe, die zeitliche Abfolge der Eröffnungen, die jeweiligen Ausstellungsgestaltungen und die massive Bewerbung der Femeausstellung als Kontrast zum Haus der Kunst waren Teil der Diffamierungsstrategie. Auf dem Handzettel zur Ausstellung »Entartete Kunst« war zu lesen: »Gequälte Leinwand – Seelische Verwesung – Krankhafte Phantasien – Geisteskranke Nichtskönner. [...] Seht euch das an! Urteilt selbst! Besucht die Ausstellung!« Das inszenierte Horrorszenarium wurde verstärkt durch den Zusatz »Für Jugendliche verboten« und die Intention der Ausstellungsgestaltung eingeschrieben: Skulpturen wurden dicht gedrängt im Raum aufgestellt, Bilder eng auf mit Packpapier verkleidete Stellwände gehängt und manipulative Kommentare auf die Wände geschrieben (vgl. Haus der Kunst 2012/13).[11] Hingegen wurden Modelle des Hauses der Deutschen Kunst, z.B. aus Gold oder aus weißer Schokolade, zur Ikonenbildung im Sinne des Dritten Reichs genutzt. Auch bei der Pariser Weltausstellung 1937 präsentierte sich das nationalsozialistische Deutschland mit einem Modell des Hauses der Deutschen Kunst. Sein Architekt Paul Ludwig Troost (1878-1934) wurde posthum mit einem »Grand Prix« ausgezeichnet (ebd.).

In Österreich wurden nach dem »Anschluss« 1938 die Salzburger Festspiele wie der gesamte Kulturbetrieb »arisiert«, bis hin zum Publikum:

»Um die ausländischen Gäste zu ersetzen, hatte Goebbels tausende Deutsche nach Salzburg gebracht, die die Festspiele im Rahmen ihrer ›Kraft durch Freude‹-Sommerferienprogramme besuchten. Es handelte sich dabei um Arbeiter von bescheidenem Einkommen, denen man billige Karten gab, die das Propagandaministerium subventionierte.« (Gallup 1989: 165)

---

11 Das Haus der Kunst arbeitete diese Geschichte einschließlich der erwähnten Dokumente in der Ausstellung »Geschichten im Konflikt« (10.6.2012 bis 13.1.2013) auf.

In Venedig wurden die Biennale und das Filmfestival zur Bühne propagandistischer Kunst des Faschismus: Bei dem in »deutsch-italienische Filmwochen« umbenannten Filmfestival erfuhr am 5. September 1940 der erste und folgenschwerste antisemitische Spielfilm aus der nationalsozialistischen Filmindustrie, »Jud Süß« (Regie: Veit Harlan), seine Uraufführung als minutiös geplanter PR-Auftakt für die Deutschlandpremiere am 24. September in Berlin und den darauf folgenden Kinostart im nationalsozialistischen Deutschland und Österreich.[12]

Bayreuth wiederum, prädestiniert durch die antisemitische Haltung der Wagner-Familie, wurde zu »Hitlers Hoftheater« (Thomas Mann):

»Vom ersten Sommer im Jahre 1933 an wurden die Wagner-Festspiele zu einem ausgesprochenen Hitler-Festival. [...] Geschäfte, die seit 1876 Bilder, Miniaturbüsten und andere Erinnerungen an Richard Wagner ausgestellt hatten, zeigten nun Photographien und Souvenirs von Adolf Hitler. [...] In dieser Nazi-Atmosphäre erkannte selbst Hitler die Gefahr, dass die Aufführungen von politischem Fanatismus erdrückt werden könnten.« (Spotts 1994: 195)

1939 entstanden die Internationalen Filmfestspiele in Cannes als Protest gegen und in Reaktion auf die ideologische Vereinnahmung des Filmfestivals in Venedig, aufgrund des Krieges konnten sie aber erst

---

12 Der deutsche Kinostart von »Jud Süß« flankierte nach Bernd Kleinhans (Kleinhans 2003) die ersten Judendeportationen, welche laut zeitgenössischen Quellen beim Volk nicht auf Sympathie stießen. Nun aber erreichten begeisterte Leserbriefe politische Einrichtungen und die Medien. In Deutschland kam es zu spontanen Demonstrationen, bei denen »Die letzten Juden endlich raus aus Deutschland« skandiert wurde; in Wien soll ein Jude von Jugendlichen, die soeben aus der Kinovorführung kamen, zu Tode getrampelt worden sein. (Vgl. Kleinhans 2003: 132) In Spezialvorführungen wurde »Jud Süß« der SS und SA vor Erschießungseinsätzen gezeigt, rund 22 Millionen Menschen sahen den Film.

1946 periodisch aufgenommen werden. Ebenfalls ein ideologisches Gründungsmotiv hatte die Berlinale, die 1951 auf Betreiben des US-amerikanischen Film Officers Oscar Martay das erste Mal stattfand und deren Programm die Werte der westlichen Demokratien stärken sollte. Bis 1974 war eine Teilnahme von osteuropäischen Filmen per Statuten untersagt (vgl. de Valck 2007: 49ff). Zu dieser Zeit hatten sich Filmfestivals allerdings längst als global verbreitetes Netzwerk etabliert und an Stärke gewonnen.

ENTSTEHENDE NETZWERKE, DIFFERENZIERUNG DER ARBEITSFELDER, THEORIEGELEITETES INTERESSE

1952 gründeten der Schweizer Philosoph Denis de Rougemont (1906-1985) und der Dirigent Igor Markevitch (1912-1983) den Dachverband Association européenne des festivals de musique (AEFM, Gent), später in European Festivals Association (EFA, Brüssel) umbenannt. 15 Festivals waren Gründungsmitglieder, darunter die Bayreuther Festspiele, die Biennale di Venezia und, aus Österreich, die Wiener Festwochen (1951)[13]: »The founders were deeply engaged in the quality and the social responsibility of festivals.« (www.efa-aef.eu/en/association/home/history)

Der heute kaum rezipierte Philosoph de Rougemont arbeitete an der Vision eines kulturell geprägten Föderalismus gegen nationalstaatliche Prinzipien und nahm die Idee kultureller europäischer Integration ebenso vorweg wie die Bedeutung lokaler und regionaler Identitäten für diese Integration. De Rougemont, der auch an der Vorbereitung zur ersten europäischen Kulturkonferenz in Lausanne 1949 beteiligt war,

---

13 Außerdem: Aix-en-Provence, Berlin, Besançon, Bordeaux, Florenz, Holland Festival, Luzern, München, Perugia, Straßburg, Wien, Wiesbaden und Zürich (vgl. www.efa-aef.eu/en/association/home/history; EFA 2006: 45).

schrieb rückblickend über die ersten Jahre nach 1945: »[...] die Zoll-schranken hemmten den kulturellen Austausch; die wissenschaftliche Forschung war nationalstaatlich ausgerichtet; es bestand politische Zensur; in einem Drittel der Länder Europas war das geistige Leben verstaatlicht.« (de Rougemont 1975: 78) Die Verbindung aus Hochkul-tur und Nationalstaatlichkeit war besonders in der Nachkriegszeit ein zentrales Thema und das Potenzial von Festivals wurde durch deren Vernetzung und gesellschaftspolitische Wirkung auch 2006 noch vom Generalsekretär der EFA, Hugo de Greef, in der europäischen Diskurs-stiftung gesehen: »Within the local context, these festivals also carry messages that go beyond the local level. Through the appreciation and radiance that is locally generated, festivals are gaining the authority to be heard within a European discourse.« (de Greef 2006: 19)

So stand die übergeordnete Institutionalisierung europäischer Fes-tivals durch die EFA im Geiste eines kontinentalen Austausches. Die vernetzte Institutionalisierung wirkt zugleich als Katalysator für das Potenzial von Festivals für die Produktion und Kommunikation von Kunst und Kulturbegriffen. Jennifer Elfert hebt die Bedeutung des Netzwerkcharakters solcher Zusammenschlüsse hervor:

»Festivals [...] konnten sich erst mit diesem Werkzeug zu dem führenden Mo-dell moderner Kulturorganisationen und Projektarbeit entwickeln, denn Netz-werke wie Festivals sind potenzielle Strukturen. Die Manifestation der Vorrei-terrolle von Festivals in Bezug auf Netzwerkarbeit ist die bereits 1952 gegrün-dete European Festivals Association (EFA).« (Elfert 2009: 108)

Was den Gedanken der europäischen Einigung betrifft, so initiierte erst rund drei Jahrzehnte später, 1985, die griechische Kulturministerin Melina Mercouri (1920-1994) mit Unterstützung des innovationsfreu-digen französischen Kulturpolitikers Jack Lang (1939) die Idee der Eu-ropäischen Kulturstadt, 1999 in Europäische Kulturhauptstadt (ECoC) umbenannt. So entstand ein kulturpolitisch initiiertes Konzept für ein gemeinsames Europa zu einem sehr späten Zeitpunkt des Zusammenschlusses, der bis dahin grundsätzlich wirtschaftlich gedacht und ausgerichtet war.[14] Die ECoC ist ein genuines Beispiel für eine transkulturell gedachte Organisation von Kulturpolitik, aus der auf Basis der Stärkung von regionalen Identitäten ein europäisches Gemeinsamkeitsgefühl erwachsen soll.

Diese regionalen Identitäten erfahren durch die multiplen Prozesse im Sog der kulturellen Globalisierung eine veränderte und neue Aufmerksamkeit. Sie widersprechen den Vorstellungen nationalstaatlicher Kulturbegriffe, wie sie im 19. Jahrhundert erstarkten, ebenso wie der Idee großräumiger kontinentaler oder religiöser Identitäten, wie sie etwa Samuel Huntington seinen Theorien in »Clash of Civilizations« (1996) zugrunde legte. In ihrer komplexen Anordnung zwischen kontinentaler Wirkungsintention, nationaler Organisation und regionaler Fokussierung ist die Europäische Kulturhauptstadt die einzige künstlerisch-kulturelle Veranstaltung dieser Art und zugleich die einzige Veranstaltung, die nach einem Vergabeprinzip funktioniert, wie man es aus dem Sport für die Olympischen Spiele kennt. Ein Unterschied besteht darin, dass bei der ECoC zuerst Länder durch die EU nominiert werden und unabhängige Experten als Entscheidungsträger[15] fungie-

---

14 Dem Wegbereiter und Gründervater der Europäischen Gemeinschaft Jean Monnet (1888-1979) wird der Ausspruch zugeschrieben: »Wenn ich es noch einmal zu tun hätte, würde ich mit der Kultur beginnen.«

15 2006 wurde ein Monitoring-Verfahren eingeführt: »Das Auswahlverfahren sieht eine Vorauswahlrunde, die einen Aufruf zur Abgabe von Bewerbungen und ein Vorauswahl-Meeting umfasst, und im Anschluss daran eine Auswahlrunde vor, die ein Endauswahl-Meeting und die Ernennung der Europäischen Kulturhauptstadt umfasst. Für den Titel ›Europäische Kulturhauptstadt‹ in 2013-2016 sind die Aufrufe zur Abgabe von Bewerbungen auf nationaler Ebene und eine europäische Auswahljury (bestehend aus 13 unabhängigen Experten, von denen sieben von den europäischen Institutionen und sechs von dem jeweiligen Mitgliedstaat ernannt werden) bereits

ren, während bei den Olympischen Spielen der Dachverband IOC (International Olympic Commitee, gegründet 1894) entscheidet.

Andere Internationalisierungsformate wie Filmfestivals und Biennalen sind zwar national und/oder regional verwaltet und international gedacht, ihr Netz wuchs aber auf organische Weise aus dem spartenbezogenen Austausch, weshalb sie eine globale und keine kontinentale Dynamik entwickelten. Sie haben zudem nicht zum Ziel, Identitäten zu stärken, sondern Kunstformen. »Mit anderen Worten, etablieren Festivals durch ihre Vernetzung im Laufe der Zeit eigene Strukturen und damit auch Marktsituationen«, beschreibt Elfert dies am Beispiel der Theaterfestivals und verweist darauf, dass diese eigene Marktsituation »Konkurrenzdruck, Isolation und Entindividualisierung nach sich ziehen kann«. Dennoch überwiegen positive Effekte: »Trotz dieser Gefahr besteht der wichtigste Gewinn von Strukturbildung in Netzwerken in der Abstimmung ökonomischer Ziele in Form von Koproduktionen und Langzeitprojekten, die finanzielle Entlastung für jeden einzelnen Kooperationspartner bedeutet.« (Elfert 2009: 109)

Neben spartenbezogenen finanziellen Zielen bleibt die Diskursstiftung als Stärkung von Kunstformen ein zentraler Effekt der entstehenden Festival-Netzwerke. Dass europäische und US-amerikanische Kunstprodukte bei vielen großen Festivals zumeist einen hohen Programmanteil haben, geht auf okzidentale Denkgewohnheiten zurück und zeigt, dass Postkolonialismus noch in den Kinderschuhen steckt. Doch auch hier lassen sich zahlreiche Veränderungstendenzen feststellen. Erstmals wuchs der internationale Anteil der documenta bei ihrer elften Edition 2006 durch den aus Nigeria stammenden Kurator Okwui Enwezor signifikant. Das Forschungsprojekt von Christian Morgner, »The Practice of Selection in a Global Art World« (Morgner 2012) belegt, dass die globale Ausbreitung von Kunstbiennalen seit den 1990er Jahren nach Lateinamerika, Asien und Afrika z.B. den Anteil der zeit-

---

organisiert [...]« (http://ec.europa.eu/dgs/education_culture/evalreports/culture/2011/ecocsum_de.pdf: II).

genössischen Kunst aus der Kultur des Veranstaltungslandes stärkt, was wiederum deren weltweite Rezeption unterstützt.[16] Die zunehmende Ausbreitung von Kunstbiennalen steht also weniger für eine kulturelle Globalisierung in Form einer »McDonaldisierung« als vielmehr für eine tatsächliche Angebots- und Diskurserweiterung. Ähnliches geschieht im Feld des Film Festival Circuit, der die lange marginalisierten Filmproduktionen aus Asien, Afrika und Lateinamerika zunehmend selbstverständlich befördert und fördert.

Diese Internationalisierung von Kunstbegriffen und Kulturmanifestationen kann als eines der zentralen Paradigmen des beginnenden 21. Jahrhunderts gelten, in dem die neuen Gesichter von Globalisierung und Vernetzung potenzielle Kerndynamiken bilden. Kunst und

---

16 Der Kulturwissenschaftler Oliver Marchart hingegen kritisiert die »Biennalisierung« als Hegemonialprojekt der Globalisierung. In einem Artikel schreibt er: »In den letzten Jahrzehnten ist es zu einer regelrechten Biennalisierung des Kunstfelds gekommen. Heute existieren weltweit, je nach Zählung, 100 bis 150 Biennalen. Diese Biennalisierung spielt unmittelbar hinein in die Politik. Da wäre zuallererst natürlich die Lokalpolitik, für die Biennalen und ähnliche Großveranstaltungen – wie etwa die Europäischen Kulturhauptstädte – zu einem effizienteren Stadtmarketing beitragen. Da wäre aber auch, über die ökonomische Wertschöpfung vor Ort hinaus, die Politik des Nationalstaats. So trägt die Politik der Biennalisierung nicht zuletzt zur Konstruktion lokaler, nationaler und kontinentaler Identität bei. Darin schließt ihr Format, wie oft beobachtet wurde, direkt an jenes der Weltausstellungen an, die das innere nation building der Kolonial- und Industrienationen des 19. Jahrhunderts unterstützten. Dies leisteten Weltausstellungen, indem sie vor allem zwei Seiten des Nationalstolzes bedienten: Einerseits führten sie die neuesten Errungenschaften der Technik und des Fortschritts vor, andererseits die exotischsten Errungenschaften kolonialistischer Raubzüge. Fortschritt und Rassismus waren auf Weltausstellungen untrennbar miteinander verbunden.« (Marchart 2012: www.linksnet.de/de/artikel/28214).

Kultur können und sollen in diesem Zusammenhang Prozesse der Differenz initiieren, um eine »McDonaldisierung« zu unterbinden. So hat auch der indische Kulturwissenschaftler Homi Bhabha für ein dynamisches Konzept der Differenz im Unterschied zu einer kulturellen Vielfalt mit statischen Kulturbegriffen plädiert (Bhabha 2000). Die Frage nach Hegemonieverhältnissen löst sich in diesen Internationalisierungsprozessen nicht von selbst auf, vielmehr wäre es eine Aufgabe von Finanzierungssystemen, Programmauswahl und Kulturvermittlung, die pluralistische Öffnung von Kulturbegriffen immer weiter voranzutreiben. Die Aufmerksamkeitsdichte von Kulturveranstaltungen macht diese besonders geeignet für transkulturelle Prozesse und Bewusstseinsbildung.

Für die Geschichte der künstlerisch-kulturellen Veranstaltungen sind nach dem Zweiten Weltkrieg neben der beginnenden Vernetzung neu entstehende Berufsfelder sowie ein theoretisches Interesse innerhalb der Praxis von Bedeutung: Kuratoren wurden zu zentralen Akteuren von künstlerischer Praxis und Theorie. Machten noch vor dem Zweiten Weltkrieg Künstlergruppierungen wie die Surrealisten und Dadaisten auf sich aufmerksam und gestalteten Kunstbegriffe[17] um, so rückte nach dem Zweiten Weltkrieg zunehmend das Tun und Wirken von Kuratoren in einem neuen Berufsverständnis in den Vordergrund. Sie hörten auf,»nur« Verantwortliche und Hüter von Sammlungen oder einer Ausstellung zu sein, und wurden zu Aktivisten der Kulturarbeit, die ihr Fachwissen mit gesellschaftspolitischer Positionierung verbanden. Zu den Pionieren zählen u.a. der Begründer der documenta, Arnold Bode (1900-1977), sowie der Schweizer Kurator Harald Szeemann (1933-2005), der 1972 die documenta 5 gestaltete und 1999 sowie 2001 der Sparte »Visuelle Kunst« bei der Biennale di Venezia als Direktor vorstand. Bode und Szeemann lassen sich als Verbündete von Kunstschaf-

---

17 Auch die Vorläuferformen der Artist-in-Residence-Programme waren zum Teil von Künstlern selbst initiiert, wie Worpswede (1903, u.a. Rilke).

fenden, Wissenschaftlern und den Betreibern von Kultureinrichtungen beschreiben, sie lösten das Gestaltungsprinzip aus der Kulturpolitik. Sie sind auch Verbündete des Publikums insofern, als sie eine aufklärerische Mission vorantrieben: Nicht die Funktion von Kunst als identitätsstiftende Instanz stand bei Bode und Szeemann im Mittelpunkt, sondern Kunst als Bildung und Kunst als ästhetische Erfahrung. Die documenta 1 stellte jene Kunst in den Mittelpunkt, die von den Nazis als »entartet« diffamiert worden war. Prominent im Fridericianum platziert wurde u.a. Wilhelm Lehmbrucks Skulptur »Die Kniende«, die eines der Exponate der Ausstellung »Entartete Kunst« 1937 in München gewesen war.

Um die verheerende Isolation und in der Folge Stagnation der deutschen Kunstentwicklung durch das nationalsozialistische Regime aufzubrechen, ja, sie überhaupt erst deutlich zu machen, stand die documenta 2 ganz im Zeichen einer »internationalen Kunst«, deren Selektion sich allerdings stark auf die USA konzentrierte (vgl. Kimpel 2002: 33). Dennoch wurde hier ein massiver Gegendiskurs zur isolierten deutschen Kunst und zum nationalsozialistisch beeinträchtigten Kunstverständnis in Deutschland angeboten. Somit waren die documenta 1 und 2 weit über ihre Präsentation von Kunst hinaus gesellschaftspolitische Ereignisse.

1962 kam es im Rahmen der von Hilmar Hoffmann mitgegründeten Internationalen Kurzfilmtage Oberhausen zur Veröffentlichung des »Oberhausener Manifests« durch 26 Filmautoren, unter ihnen Edgar Reitz (1932), Alexander Kluge (1932) und Herbert Vesely (1931-2002). Sie forderten eine politisch und ästhetisch orientierte deutsche Filmindustrie, ein Ende von »Papas Kino«, und provozierten langfristig ein Umdenken in der deutschen Filmproduktion (vgl. Eue et al 2012). Heute gilt das »Oberhausener Manifest« als Grundlage für den künstlerisch anspruchsvollen deutschen Film. 1968 wurden die Filmfestspiele von Cannes nach Protesten der Filmemacher der Nouvelle Vague unterbrochen. Die Regisseure solidarisierten sich mit den streikenden Arbeitern und protestierten zugleich gegen die Absetzung des langjährigen Direktors der Cinémathèque Française, Henri Langlois

(1914-1977). Beide Ereignisse bzw. Anlässe brachten den latenten Unmut der Regisseure an die Oberfläche. Sie forderten, dass sich die Filmfestspiele in Cannes weniger der Industrie und mehr der Filmkunst zuwenden sollten. Jean-Luc Godard (1930) beteiligte sich darüber hinaus an der Entwicklung der 1965 ins Leben gerufenen Mostra Internazionale del Nuovo Cinema in Pesaro, wo man sich explizit der innovativen und gesellschaftspolitisch orientierten Filmkunst zuwandte. (vgl. de Valck 2007: 27ff) Dort sollte jenem Filmschaffen Aufmerksamkeit geschenkt werden, das in Cannes unterrepräsentiert war. Theoretiker wie Roland Barthes und Michel Foucault sprachen bei den organisierten Symposien und lancierten ihr Gesellschafts- und Kunstverständnis. De Valck spricht vom Pesaro-Effekt, der zu einem neuen System der Programmauswahl führte: Mit dem so genannten Kuratorenmodell wurden Selektionsprozesse von Filmfestivalprogrammen paradigmatisch umgestaltet. In der Folge rückte das ästhetische Verständnis von Film in den Vordergrund und überlagerte die bislang bestimmende nationale Repräsentativität (ebd.).

Neben der gesellschaftspolitischen Unruhe lag der kuratorischen Praxis ein theoriegeleitetes Interesse zugrunde. Es kennzeichnet besonders die künstlerisch-kulturellen Veranstaltungen von 1945 bis in die 1970er Jahre und droht heute von Erlebnisinszenierung überlagert zu werden. Symposien als Rahmenprogramme unter Beteiligung namhafter Intellektueller legten Zeugnis vom hohen Theorieinteresse ab, das Festivals nicht nur begleitete, sondern charakterisierte. Dem Prinzip der Wechselseitigkeit folgend, waren gesellschaftspolitisch motivierte Gestalter von Veranstaltungskonzepten nicht nur in dem Sinne theorieinteressiert und -geleitet, dass sie ihre jeweilige geisteswissenschaftliche oder künstlerische Ausbildung in die praktische Arbeit hineintrugen. Sie verstanden künstlerisch-kulturelle Praxis auch als Experimentierfeld für die Theoriebildung. Bei der documenta agierte der Kunsttheoretiker Werner Haftmann (1912-1999) neben Leiter Arnold Bode als Thesenbildner zu den Ausstellungskonzepten und trieb die Entwicklung »weg von der ›reproduktiven‹ zu einer ›evokativen‹ Kunst« (Kimpel 2002: 17) voran. Kuratoren inszenierten, übersetzten und interpretierten den »Text« ihrer Programme. Sie »montierten« sie in gesellschaftliche Zusammenhänge mit dem Ziel, Bildung und ästhetische Erfahrung zu ermöglichen, dem dialogischen Grundgedanken künstlerischer Positionen in der Nachkriegszeit gerecht zu werden und einen steten Horizontwandel herbeizuführen. Nach Peter Burger wurde die Montage – eine der Filmsprache entliehene Technik, die als Metapher Eingang in den künstlerischen und kulturwissenschaftlichen Diskurs fand und die Ästhetik der Moderne in sich trägt – in der Kunst des 20. Jahrhunderts zum zentralen Ausdrucksmittel (Burger 1994: 92ff). Es ließ tradierte Kunstformen neu denken, nämlich konzeptionell (und damit auch theorieorientiert) und verschob die Grenzen zwischen Kunstwelt und alltäglicher Wirklichkeit. Die kuratorischen Pioniere übernahmen in Analogie dazu eine künstlerisch inspirierte Praxis für die konzeptuelle Gestaltung und gesellschaftliche Einbindung einer Veranstaltung.[18] Es wäre jedoch irreführend, die Kuratoren selbst als Avantgardisten zu bezeichnen, vielmehr lässt sich mit dieser Entwicklung die *Institution Kulturveranstaltung* als, wie Bazon Brock sagt, »Zivilisationsagenturen« und damit als kulturbetriebliche Avantgarde lesen, die in der Nachkriegszeit aufblüht.

Künstlerisch-kulturelle Veranstaltungen ermöglichten und erlaubten Zugänge zu ästhetischen Inszenierungen, indem sie einen Ausnahmezustand herstellten. Dadurch positionierten sie sich als Medien der künstlerischen Welt mit einer gesellschaftspolitischen Zielsetzung. Mit der ästhetischen Inszenierung wurde zugleich ein neuer Ritualcharakter geschaffen, der sich vom Selbstausdruck der bürgerlichen Welt des 19. Jahrhunderts ebenso abhob wie vom traditionellen Ritualcharakter

---

18 Künstler wie Marcel Duchamp beeinflussten den Kulturbetrieb auch durch ihre kuratorische Arbeit; bei dem Vortrag »Der Kurator als Marke« verglich Arthur Engelbrecht die Ausstellungspraxis von Duchamp mit jener von diversen späteren Kuratoren (Vortrag gehalten im Rahmen der 7. Jahrestagung des Fachverbandes Kulturmanagement, Potsdam, 17.-19. Jänner 2013).

der Volkskultur. Nach dem Holocaust mussten humanistisch denkende Intellektuelle dem »Völkischen« misstrauen. Die hohe Wirkungskraft von Kunst hatte sich indes auch in ihren verheerenden zerstörerischen Seiten gezeigt, wie die Beispiele der Ausstellung »Entartete Kunst« und der Spielfilm »Jud Süß« nahelegten. Die documenta 1 und 2 waren prominente Beispiele gesellschaftspolitischer Einmischung. Ein Hunger nach Aufbruch und künstlerischer Wertebefragung wirkte ebenso leitmotivisch wie die permanente Reflexion bezüglich des Tuns und Wirkens von Veranstaltern durch die Veranstalter selbst und durch die teilnehmenden Künstler sowie Theoretiker.

Die Aufmerksamkeitsdichte von Veranstaltungen wurde als Kontrapunkt zu massenmedialen und kulturindustriellen Dispositiven genützt, mit einer ähnlich beabsichtigten Breitenwirkung für gesellschaftspolitische Öffentlichkeit. Gesellschaftspolitisch positionierte Festivals ermöglichten zunehmend Opposition zur etablierten Hochkultur, zur Unterhaltungsindustrie, zu Konzepten der Nationalkultur und zur beginnenden Kommerzialisierung. Sie wurden darin idealtypisch zu Plattformen einer kritischen Künstlerschaft und Öffentlichkeit, welche die Avantgarde befürwortete und ihr gesellschaftspolitisches Verständnis der Künste und des Kulturbetriebs beförderte.

Das Konzept des Kuratierens wurde ausgehend von der bildenden Kunst zu unterschiedlichen Zeitpunkten von anderen Sparten und Trägerschaften aufgenommen. Der britische Poptheoretiker Simon Reynolds erzählt in »Retromania«:

»Mir ist das Schlagwort ›kuratiert von‹ zum ersten Mal irgendwann in den 2000ern aufgefallen, als es von den Rändern her in die Musik eindrang. Man stolperte in Pressetexten, Flyern und Konzertprogrammen oder Musikerporträts darüber. Was man früher schlicht ›Zusammenstellung einer Compilation‹ oder ›Booking‹ genannt hat, wurde jetzt mit dem Glanz des Kuratierens versehen.« (Reynolds 2012: 142)

Damit spricht Reynolds einen Funktionswandel an, bei dem Kuratieren weniger für eine gesellschaftspolitische Tätigkeit steht als vielmehr für die Effekte, die diese mit sich gebracht hat: Ein Signal von Exklusivität, einen »Glanz« (Reynolds) im Sinne von Aufmerksamkeitsdichte (alt) und Wettbewerbsfähigkeit am Markt (neu).

Durch zweckentfremdete, inflationäre Verwendung und Definitionskämpfe innerhalb des Feldes läuft die kuratorische Tätigkeit heute Gefahr, zu Feindbildern von Kunstschaffenden, aber auch von managementorientierten Kulturbetrieben zu werden und dem Ursprung seiner Sinnhaftigkeit verlustig zu gehen. Kunstschaffende fühlen sich von Kuratoren in den Schatten gestellt[19], Kulturmanager sehen in der Eigenwilligkeit von Kuratoren eine Gefahrenquelle für ökonomische sowie publikumsoffene Kulturarbeit und auch smarte Marketeers verwenden für Modekollektionen den Begriff »kuratiert von«.

Nicht jede Veranstaltung hat »ihren« namhaften Kurator. Deshalb sei die kuratorische Intention von Veranstaltern abstrahierend als ideelle und konzeptionelle Zielrichtung in der Tradition gesellschaftspolitischer Positionierung genannt, wie sie sich nach dem Zweiten Weltkrieg ausformte. Wenn Jean-Luc Godard in den 1960er Jahren dazu aufrief, nicht politische Filme, sondern Film politisch zu machen, so verweist das unmittelbar auf die Beziehung zwischen Kunst und Rezipient. Künstlerisch-kulturelle Veranstaltungen liefern eine probate Bühne, um diese Beziehung zu gestalten. Dass sich die Intentionen von Veranstaltern aktuell in einem Änderungsprozess befinden, kann nicht nur aufgrund des Generationswechsels (s.o.) vermutet werden, sondern auch auf Basis der Erkenntnis, dass sich jede Generation ihre Ge-

---

19 Kulturjournalismus konzentriert sich manchmal mehr auf Kuratoren denn auf die präsentierten Künstler, so lautet ein oft wiederholter Vorwurf. In der bildenden Kunst betätigen sich Kunstschaffende selbst oft als Kuratoren, eine Praxis, die inzwischen auch in der Musik angewandt wird (vgl. Reynolds 2012), bzw. ist es auch in der Filmfestivallandschaft üblich, Regisseure als Kuratoren einzusetzen.

schichte und ihre Interpretationen selbst erarbeiten muss[20], um sich authentische Fundamente zu schaffen.

Die Bedeutung des Raums als zentrale Beschreibungs- und Handlungskategorie, um Identitäten und kulturelles Wissen in die Gesellschaft einzuschreiben[21], wurde durch die postmodernen und postkolonialen Theorien aufgewertet. Nicht zuletzt erfuhr die Rolle des Raums als Konzept in den vergangen zwanzig Jahren neue Impulse durch den Gegensatz zwischen physischem und virtuellem Raum sowie durch das gestiegene Interesse am öffentlichen Raum als Schnittstelle zwischen Wirtschaft, Zivilgesellschaft und Kulturpolitik. Vom Flashmob zwischen Werbeevent und Aktivismus bis zur Bedeutungsveränderung von Autobahnen[22] spielen Orte – insbesondere öffentliche Orte – eine konstitutive Rolle im Kulturbetrieb im Allgemeinen, für Kulturveranstaltungen im Besonderen. Der Drang zur Raumveränderung bzw. zur Umstrukturierung der symbolischen und konkreten Raumwirkung zeigt sich beispielsweise in Veranstaltungen der Neuen Musik durch die Entthronung von Bühnen (vgl. Nauck 2002, s.u.).

Das künstlerische und kuratorische Feld ist in der heutigen ausdifferenzierten Form nur noch *ein* Teil des Systems, in dem der institutionelle Einfluss von Veranstaltungen in die Modi der Rezeption und Kunstproduktion hineinreicht. Veranstaltungen werden so zu hochkomplexen Medien – und waren es immer schon. Sie sind es aber heute explizit durch die Vervielfältigung von Ansprüchen – sei es durch die »Professionalisierung«, wie sie im kulturmanagerialen Diskurs besteht, oder im »Imagefaktor«, wie ihn die Kulturpolitik in Allianz mit der Tourismuswirtschaft unterstützt. Und sie wurden es immer mehr durch

---

20 Ich verdanke diesen Hinweis der Historikerin Andrea Sommerauer.

21 Jan Assmann spricht von der »Verräumlichung als Medium der Mnemotechnik« (vgl. Gostmann 2010).

22 Bei der Aktion »B1/A40 – Die Schönheit der großen Straße« während RUHR.2010 wurde die Autobahn einen Tag lang zu einem Ort der Feste; man feierte »Verbindung« in einem neuen Sinne.

die infrage gestellten Finanzierungsverhältnisse sowie das Postulat der
»Erlebnisgesellschaft« in den 1990er Jahren. Sowohl die Eventisierung, die ein Effekt der »Erlebnisgesellschaft« ist, als auch die Professionalisierung von Kulturmanagement bewirken tief greifende Veränderungen von Verständnis und Ausrichtung der Kulturveranstaltungslandschaft seit den 1990er Jahren.

Wie den Kunstschaffenden ihre Rollen und Aufgaben aus der Gesellschaft erwachsen[23], müssen sich auch Veranstalter mit deren *und*
ihren Rollen auseinandersetzen und sie in die Konstruktion der von ihnen angebotenen Wahrnehmungsräume einfließen lassen. Dies betrifft
nicht nur den künstlerischen Diskurs, sondern auch die Veränderungen
gesellschaftlicher Bedürfnisse (s.u.).

---

23 Der Kultursoziologe Arnold Hauser (1882-1978) schrieb über die wechselnde Rolle von Künstlern in der Gesellschaft: »So wie der Mensch zu
dem wird, was er ist, indem er gesellschaftliche Aufgaben erfüllt, wird
auch der Künstler erst zum Künstler, indem er in zwischenmenschliche Beziehungen tritt. Es geschieht nur ausnahmsweise, unter besonderen, selten
zusammentreffenden Umständen, dass der Drang zum künstlerischen
Schaffen sich geltend macht und zum Entstehen von Kunstwerken führt,
ohne dass entsprechende gesellschaftliche Bedürfnisse und Anliegen vor-
liegen; die Geschichte der künstlerischen Tätigkeit lässt sich darum im
großen und ganzen als die Geschichte der dem Künstler zufallenden Aufgabe darstellen.« (Hauser 1988: 118).

Impulse für eine Theorienbildung von Kulturveranstaltungen

ERLEBNIS UND REZEPTION IM DISPOSITIV

Walter Benjamin hat Jahrzehnte vor den soziologischen Studien Schulzes und Bourdieus über den Erlebnisbegriff durch das Aufkommen der reproduzierbaren Künste philosophiert. Er weist neben dem veränderten Charakter von Kunst durch die Technologie auch auf die »Kollektivrezeption« als neue Rahmenbedingung hin (Benjamin 1936/1977: 33) und unterstreicht damit das soziologische Moment als ontologisches. Schulze hingegen bezieht sich in seiner Analyse der Erlebnisgesellschaft (Schulze 1992) auf das gewachsene Phänomen der hedonistischen Gesellschaft. Die heutigen Angebote von Erlebnis und Emotionen haben eine neue Heimat in Bereichen wie Eventmarketing und Tourismus gefunden und richten sich an nachfrageorientierter Bedürfnisbefriedigung aus, nicht an der Suche nach Neuerung, verborgenen Bedürfnissen und Horizontwandel. Zurückkommend auf das Beispiel der ersten Weltausstellung zeigt sich, dass Erlebnis und Emotion wie selbstverständlich mitgeliefert wurden, allerdings als Novum auf der Suche, Technik und Gesellschaft zusammenzuführen, und nicht als Befriedigung eines bereits geschaffenen Bedürfnisses.

In diesem Zusammenhang sind drei Fragen zu stellen: Wie sollen und können künstlerische Leiter und Kuratoren Kulturveranstaltungsleiter gesellschaftliche Bedürfnisse definieren und mit ihren Programmen und Konzepten auf sie reagieren? Wie verhalten sich künstlerische Positionen und gesellschaftliche Bedürfnisse zueinander? Und wie entwickelt sich das Verhältnis zwischen künstlerischen Positionen und Kulturveranstaltungen? Zur Diskussion der beiden ersten Fragen öffnet eine Analogie auf die Rezeptionsästhetik nach Hans Robert Jauß Perspektiven, wie er sie in seinem Aufsatz »Literaturgeschichte als Provokation der Literaturwissenschaft« (1967) formulierte. Er bezieht sich darin zum einen auf die wesentliche Unterscheidung zwischen diachroner und synchroner Interpretation[1], zum anderen auf die Horizontveränderung beim Rezipienten. Darunter versteht er eine öffnende, verändernde Wirkung in Bezug auf die Weltsicht des Rezipienten im Gegensatz zu einer affirmativen, festhaltenden. Jauß bezieht sich konkret auf die Wahrnehmung eines literarischen Werkes durch den Leser. Aus der neurologischen Forschung weiß man heute, dass der in der Filmwissenschaft verwendete Begriff der »Sehgewohnheit« auf neurologischen Wahrnehmungs- und Reaktionsmustern beruht (Darbis 2011). Wer an das Muster von Hollywood-Filmen gewöhnt ist, ist mit der Lesart eines Avantgardefilms aufgrund des ungewöhnlichen visuellen und narrativen Charakters überfordert und reagiert zum Selbstschutz mit Ablehnung. Diese sich einstellende Ablehnung verhindert die gewohnte Identifikation und das genussvolle Erleben der audiovisuellen Parallelwelt. Filmschauen wird vielmehr zu einem Akt, der bewusstes Sich-Einlassen und persönliche Partizipation erfordert und provoziert. Nun ist das Zusammenwirken zwischen sich etablierenden Mustern und avantgardistischem Bruch ein grundlegender Bestandteil der steten künstlerischen Evolution und des Horizontwandels. Ähnliches mag auch auf Kulturveranstaltungen zutreffen. Als Mittler zwischen Kunstwerk und Betrachter können sie im Sinne eines Wandels

---

1   Damit ist die Betrachtung von Kunstwerken und deren Rezeption im synchronen Schnitt gemeint, um eventuelle Fehlinterpretationen durch die chronologisch ordnende diachronische Betrachtung sichtbar zu machen.

auf mehreren Ebenen tätig sein, in der Programmselektion ebenso wie auf den unterschiedlichen Ebenen der Vermittlung, von Texten über Konzepte bis hin zur Gestaltung als verbale und sinnliche Instrumentarien sowie partizipative Vermittlungsprogramme. Ungewöhnliche Orte oder spontane Interventionen durchbrechen Wahrnehmungsmuster und führen zu neuen Wahrnehmungsmöglichkeiten. Bei der Ars Electronica 2011 wurde etwa ein japanisches Dialogstück zwischen einem Menschen und einem als solchen erkennbaren Androiden in der größten Kirche Österreichs inszeniert.[2] Ohne die Rückbindung an die christliche Schöpfungsmythologie durch diesen speziellen Aufführungsort wäre das Stück nichts weiter als ein Theaterstück gewesen. Durch den kirchlichen Raum rührte es unmittelbar und aufwühlend an ontologische und mythologische Fragen. Vor der zunehmenden Ausweitung des Angebots kultureller Erlebnisse (vgl. Teissl/Wolfram 2012) können Kulturveranstaltungen ein Differenzierungsmerkmal ebenso selbstbewusst behaupten, wie sie die Tradition ihrer institutionell begründeten kritischen Öffentlichkeitswirksamkeit weiterzuentwickeln vermögen. Als Kriterium für ihre Konzepte, Selektionsgründe und Gestaltungsmodi müsste sodann nicht das nachfrageorientierte Gebot herangezogen werden. Stattdessen würden zum einen die Kenntnisse aus dem Spartenbereich verwendet werden und zum anderen die Konzepte, Selektionsgründe und Modi eine weder über- noch unterfordernde Relation zum »Horizont« der jeweiligen Publika aufweisen. Es ist dabei fraglich, inwiefern sich der diesbezügliche Status quo empirisch erheben lässt, da die Künste – und damit ihre Veranstaltungen – auf einem unbekannten Boden operieren müssen, wenn sie sich nicht auf Affirmation beschränken wollen. Der »Spürsinn« kuratorischer Tätigkeit

---

2   »Sayonara« (2010) von Hiroshi Ishiguro und Oriza Hirata, aufgeführt im Maria Empfängnis Dom (Linz); im Mittelpunkt stand der Dialog zwischen einem sterbenden Mädchen und einer Androidin. Geminoid F wurde vom Ishiguro Laboratory entwickelt und ist die »Roboter-Replika einer menschlichen Frau« (Leopoldseder 2011: 268).

stellt sich so als schwer definierbare Apperzeption dar, die, ähnlich wie der »Spürsinn« von Kunstschaffenden, scheitern oder brillieren kann. Barry und Gail Dexter Lord beschreiben, wie das tägliche Tun von Kunstschaffenden darin besteht, Veränderungen in ihrer Umgebung wahrzunehmen, sie zu reflektieren und als Basismaterial für ihre Werkschöpfungen zu verwenden (vgl. Lord 2010: 78f). Diese besondere Sensibilität wird auch von Veranstaltern gefordert, wenn sie über Unterhaltungsangebote einschließlich des alternativen Mainstreams hinauskommen wollen. Hinter die Mechanismen einer Gesellschaft zu blicken und die zur Präsentation gewählte Kunstform damit zu verbinden, ist eine der Herausforderungen, denen sich wagemutige Kunstschaffende und Veranstalter stellen müssen. Festivaleske Veranstaltungen sind im besonderen Maße dafür gemacht, beides zusammenzuführen und den Laborcharakter zu feiern. Wo sie dies tun, sind sie auch starke Partner für Kunstschaffende und besonders für den künstlerischen Nachwuchs.

Das Konzept des Dispositivs (Foucault 1978) als ursächlicher Zusammenhang zwischen ökonomischen, sozialen, kulturellen u.a. Produktionsumständen und Produkt unterstützt die analytische Sichtweise und Einordnung von künstlerisch-kulturellen Veranstaltungen: Unter welchen finanziellen, institutionellen und ideellen Produktionsbedingungen arbeitet wer an welchem Ergebnis? Welche Art der Rezeption wird für wen ermöglicht? Welche Abbilder werden auf den Bühnen und Leinwänden, in den Ausstellungsräumen und im öffentlichen Raum produziert, welche Kulturbegriffe werden lanciert, abgelehnt oder angenommen? In der Tradition von Kulturarbeit im deutschsprachigen Raum bietet sich für die Produktion die Unterscheidung zwischen kommerzieller und gemeinnütziger Trägerschaft an, um eine erste Eingrenzung zu ermöglichen.[3] Innerhalb der gemeinnützigen Trägerschaf-

---

3 Gesa Birnkraut verweist auf die Funktion der Kulturpolitik als Korrektiv zu »den Kräften, die den Kulturmarkt und die Freizeitindustrie bestimmen«

ten lässt sich wiederum zwischen öffentlich-rechtlichen und privatrechtlich-gemeinnützigen unterscheiden. Beide agieren ohne monetär
gewinnorientierte Absichten im Dienste der Öffentlichkeit und Allgemeinheit, entstehen aber einmal aus staatlicher und einmal aus zivilge-
sellschaftlicher (privater) Initiative. Die Ergebnisse, die sich daraus auf
beide zutreffend antizipieren lassen, können in unterschiedlichen Be-
griffen zusammengefasst werden, die im Wesentlichen auf die Visionen der UNESCO für den Kulturbegriff zurückgehen: Ermöglichung
von kultureller Vielfalt, kultureller Teilhabe und kultureller Bildung
sowie Angebote zur aktiven Partizipation und Kulturvermittlung, um
nur einige zu nennen.

Das Potenzial der Rezeption wiederum ist geknüpft an den Status
quo von z.b. kultureller Bildung einer Gesellschaft sowie der gesellschaftlichen Motivation, sich mit Kunst und Kultur zu beschäftigen.
Mit den soziologischen Studien nach Pierre Bourdieu, seinem Habitus-
und Distinktionsbegriff lassen sich eklatante klassenimmanente Unterschiede in der Kulturpräferenz, wie sie empirische Forschungen auf-
zeigen, zumindest erklären. Zugangsbarrieren abzubauen wäre eines
der Ziele von Kulturvermittlung und Audience Development. Kritische
Ansätze im Studien- und Praxisfeld Kulturvermittlung verweisen aber
auch auf die Frage nach hegemonialen Kunst- und Kulturbegriffen innerhalb einer Gesellschaft durch Kulturvermittlung. So hat die Künst-
lerin und Kunsttheoretikerin Carmen Mörsch im Zuge einer wissenschaftlichen Begleitung des Vermittlungsprogramms der documenta 12
eine kritische Typologie der Intentionen und Wirkungen von Kunstvermittlung erarbeitet. In insgesamt vier Abstufungen unterscheidet sie
zwischen den Polen »reproduktive« Kunstvermittlung als Weitergabe
etablierter Kunstbegriffe an ein »Publikum von morgen« und der
»transformativen« Vermittlung, durch die Kritik an der Institution er-

---

(Birnkraut 2011: 26) am Beispiel Schweiz. Dieses Verständnis von Kulturpolitik differiert in Ländern wie Großbritannien und den Niederlanden.
(Ebd.).

möglicht wird, um Wandlungsprozesse etablierter Einrichtungen einzu-
leiten (Mörsch 2009). Die partizipativ-institutionskritische Sichtweise
steht am vorläufigen Ende eines Entwicklungsprozesses, der in den
1970er Jahren begann. Erst seit der Erweiterung des Kultur- und Ver-
anstaltungsangebots wurde jener dominante Hochkultur-Begriff lang-
sam aufgebrochen, der bis dahin eine affirmative Rolle der bürgerlichen Repräsentationskultur gespielt hatte. In Deutschland führte das
zur »Kulturpolitik neu« in Form einer Expansionspolitik; in Österreich
wuchs eher der Sektor der privatrechtlich-gemeinnützigen Anbieter.

Grundsätzlich leben festivaleske Veranstaltungen im Unterschied
zu fixen Einrichtungen von der erhöhten Aufmerksamkeitsdichte, welche u.a. von ihrer zeitlichen Begrenztheit und den unmittelbaren sinnlichen Eindrücken charakterisiert ist. Das macht Veranstaltungen besonders attraktiv und einmalig, ermöglicht eine im Format selbst angelegte
Spannung, die Veranstaltungen gegenüber fixen Einrichtungen einen
Vorteil verschaffen. Selbst im aktuellen Medien-Paradigmenwechsel
durch Möglichkeiten wie Streams bleibt der Live-Charakter eine der
unersetzbaren Besonderheiten von Veranstaltungen. Die Nähe so man-
cher Kommunikationscharakteristik von Primär- und Quartärmedien
tritt hier in einen Zustand täuschender Symbiose, denn Aufzeichnung
und Übertragung gehen genau dessen verlustig, was Veranstaltungen
zu bieten haben: der unmittelbaren Präsenz des Ereignisses als Angebot für einmalige, nicht wiederhol- und nicht in andere Medienkanäle
übertragbare sinnengestützte Erfahrungen.[4]

---

4 Online-Festivals werden bereits durchgeführt und ihre Potenziale untersucht. So wurde unter dem Titel »Festivals 3.0 – Eine Möglichkeit Zukunft
   zu gestalten?« im März 2013 in Heidelberg u.a. über die Möglichkeiten
   von Online-Festivals diskutiert, jüngeres Publikum anzusprechen und den
   Kulturbetrieb zeitgemäßer zu gestalten (www.heidelberger-fruehling.de/
   content/festival_2013/tagung/index_ger.html).

Im folgenden Kapitel sollen künstlerisch-kulturelle Veranstaltungen auf ihre unterschiedlichen Strukturen und Seinsweisen hin untersucht werden mit dem Ziel, eine Typologie zu entwerfen. Es wird dabei unterschieden zwischen wirkungsbezogenen, also intangiblen, qualitativen und deshalb schwer messbaren sowie tangiblen Kriterien.

ENTWURF EINER TYPOLOGIE KÜNSTLERISCH-KULTURELLER VERANSTALTUNGEN

Während die Disziplinen des Event- und Sportmanagements anhand mehrheitlich messbarer Kriterien Veranstaltungstypologien entwerfen (Kaspar 2013), erweisen sich Größenordnungen wie die Anzahl der teilnehmenden Kunstschaffenden, der verbuchten Eintritte oder verkauften Medienrechte als nicht aussagekräftig genug, um Kulturveranstaltungen typologisch zu erfassen. Dennoch dienen quantitative Parameter zur Hierarchisierung von Kulturveranstaltungen und zeigen die Möglichkeiten vertiefter oder verbreiteter Wirkung – und Finanzierung – auf. Grundsätzlich funktioniert jedoch das Regelwerk von Kulturveranstaltungen auf anderen Schienen, gelegt durch die gesellschaftliche und künstlerische Zielorientierung (vgl. Heinrichs 1999, Klein 2008).

Als praxisnahe Abgrenzung gegenüber anderen Veranstaltungen dient natürlich das *Exponat* oder der *Gegenstand der Veranstaltung,* also sein Subjekt. Unter künstlerisch-kulturellen Veranstaltungen können all jene benannt werden, die sich um die Welt der Künste ranken und sie in den Mittelpunkt der Veranstalter-Intention stellen: Traditionell sind dies Theater, Musiktheater und Tanz, (Kino-)Film, bildende Kunst einschließlich der reproduzierenden Künste wie Video und neuer Formate der Digitalkunst, Literatur einschließlich Poetry Slam als performatives Format, Musik in ihren ausdifferenzierten Sparten und Stilen sowie Architektur und jüngst auch Design. Neben Veranstaltungen, die auf eine Sparte fokussieren, etablierten sich nach dem Zweiten Weltkrieg spartenübergreifende Festivals, in Österreich etwa der steirische herbst oder die Ars Electronica.

Auch *Themenkonzepte* eröffnen neben der Spartenzuordnung ein weiteres Merkmal bzw. Feld: Thematische (z.b. Menschenrechte) oder geopolitische (z.b. Mittelmeerraum) Selektionskriterien sind in allen Sparten sowie spartenübergreifend möglich. Sie verweisen auf einen innerveranstaltungsbezogenen Diskurs, indem sie auf Leerstellen bzw. unterrepräsentierte Aspekte im Veranstaltungsangebot reagieren und gesellschaftsrelevante Dynamiken in den Vordergrund stellen.

Die *Namensgebung* von künstlerisch-kulturellen Veranstaltungen unterliegt nur wenigen Regeln, mehrheitlich dort, wo es überregional institutionalisierte Dachverbände und damit verbundene Akkreditierungssysteme gibt und/oder bei Veranstaltungen, die Standortwerbung leisten sollen. Veranstaltungstitel haben in der Regel vielmehr die Aufgabe, inhaltliche Bezüge und Statements auszudrücken, wie dies beim steirischen herbst[5] in Graz oder der Ars Electronica in Linz der Fall ist. Üblich sind auch Bezeichnungen wie »Festwochen«, »Festspiele«, »Festival« oder »Tage«. Die Bezeichnung »Festival« selbst ist nicht markengeschützt[6] (vgl. de Valck), weshalb sich jede Veranstaltung grundsätzlich als Festival bezeichnen kann. Der Glamour-Effekt, der der Bezeichnung Festival anhaftet, führt dementsprechend zu einer inflationären Verwendung. Auch Jennifer Elfert verweist darauf, dass der Begriff »Festival« Teil der Common Knowledge (Elfert 2010: 21) ist, weshalb »Festival« als Name außerhalb konnotativer Erwartungserweckung als Typologisierungsmerkmal zu unscharf bleibt. Der Be-

---

5 Der Name »steirischer herbst« spiegelt nicht nur die Jahreszeit und die Region der Veranstaltung. Gründer und Namensgeber Hanns Koren reagierte damit auch auf die 1968 zum letzten Mal stattfindenden Grazer Sommerspiele, die von den britischen Besatzern als Gegenstück zu den Salzburger Festspielen gegründet worden waren, denen aber wenig Erfolg beschieden war. Ich verdanke den Hinweis dem Archivar des steirischen herbstes, Martin Ladinig.

6 Im Gegensatz dazu ist die Bezeichnung »Olympische Spiele« geschützt und bedarf zur Verwendung des Einverständnisses des IOC.

griff »Festspiele« wiederum existiert nur im Deutschen und diente zum einen der Abgrenzung zwischen Hoch- und Populärkultur, also einem Distinktionsverhalten, wurde zum anderen aber wegen Deutschtümelei nach den 1950er Jahren vorübergehend verworfen (vgl. Elfert 2009: 24ff/55). Pia Janke hat in ihrer bahnbrechenden Studie »Politische Massenfestspiele in Österreich zwischen 1918 und 1938« (2010) die politische Beeinflussung und Intention durch die Veranstalter besonders anhand von Massenfestspielen wie den katholischen Laienfestspielen, aber auch von künstlerischen Festspielen wie jenen in Salzburg untersucht. Sie arbeitet die »grundsätzlichen politisch-ästhetischen Bezüge« heraus und zeigt die »ästhetischen Interferenzen« auf, die Massenfestspiele in diesem Zeitraum trotz »extremer ideologischer Polarisierung« aufwiesen (Janke 2010: 12). Als Gattungsbezeichnung wurde der Begriff »Festspiel« um 1800 eingeführt und im 20. Jahrhundert von Theoretikern wie Dietz-Rüdiger Moser und Peter von Matt als »Manifestation einer Gemeinschaft und eines gemeinsamen Anliegens« (Janke 2010: 20f) definiert. Dies bezieht sich vorwiegend auf Festspiele mit religiösem Charakter.

Etymologisch steht das lateinische »festivus« wie auch das englische »festival« für »die Art und Weise, wie etwas vonstatten geht, nämlich ›heiter‹, ›fröhlich‹, oder ›angenehm‹« (Elfert 2009: 23f). Elfert spricht von drei Komponenten, die ein Festival charakterisieren: »1. Aufführungen, 2. Zeitlichkeit/Räumlichkeit und 3. sein Publikum und interaktive Rahmenprogramme« (ebd.: 21). Übergeordnete Dachverbände wie die FIAPF definieren Filmfestivals u.a. nach Programmbreite und Internationalität, periodischer Wiederkehr und Publikumszusammensetzung.[7] Dieser letzte Aspekt verdient besondere Aufmerk-

---

7 »By international film festival, FIAPF, understands an event: ›– bringing together films of the world, many of which originate from countries other than the organising country, that are being screened in front of audiences including a significant number of accredited international industry, press and media representatives as well as general public, – taking place for a

samkeit, da die Zusammensetzung des Publikums über den privat interessierten Zuschauer hinausgeht und professionelle Teilnehmer aus
Branche und Presse mitdenkt – Letztere ermöglichen erst einen Multiplikatoreffekt, sei es über Berichterstattung, Einkäufe von Werken für
nationale Märkte und Verbreitungsmedien sowie die Aufnahme in weitere Veranstaltungen. Das Riemann Musiklexikon wiederum fokussierte in seiner aus dem Jahr 1967 stammenden Definition auf Innovation,
Qualität und den produzierenden Charakter: Festspiele und Musiktage
sind demnach

>Veranstaltungen, die den Zweck haben, Aufführungen von besonderer Quali-
tät oder solche mit für den Repertoirebetrieb nicht erreichbaren Besetzungen
möglich zu machen. [...] Das Streben nach exemplarischen, aber oft auch sen-
sationellen Aufführungen und besonders die Erteilung von Auftragskomposi-
tionen mögen Beziehungen zur älteren Festmusik erkennen lassen, doch unterscheiden sich Festspiele und Musiktage grundsätzlich von ihr, da die Musik
selbst der Anlaß ist.« (Riemann Musiklexikon zit. in Nauck 2002: 2)

Nauck sieht ab den 1980er Jahren die wesentliche Veränderung, die
diese Definition erweitert, im Zurücklassen der Bühne als traditionell
repräsentativen Aufführungsort zugunsten von »urbanen und land-
schaftlichen Räumen des Alltags [...], die den Zuhörern vertraut sind«
(Nauck 2002: 7).

   Inspiriert von den Leistungsschauen »Weltausstellung« bieten traditionelle Groß-Festivals einen *Wettbewerb* mit Preisen sowie Uraufführungen bzw. nationale Premieren oder Entdeckungen neuer Künstler – auch Letzteres ist eine Art von Wettbewerb, wenn auch hinter den
Kulissen: Uraufführungen oder Premieren besonders bekannter Kunstschaffender werten eine Veranstaltung auf, ebenso aber kann die »Entdeckung« eines neues Künstlers diese Wirkung haben. All dies wird als

---

limited duration of time, once a year or every second year, in a prior de-
fined city‹.« (Mazza/Strandgaard Pedersen 2008: 12).

»Leistung« rezipiert – auch wenn dieser Begriff in der kulturellen Praxis vermieden wird – und schafft öffentliche Aufmerksamkeit. Es gibt
aber auch andere Formen von »Leistung«, die keinem wettbewerbsver-
hafteten Kontext geschuldet sind, sondern dem Gebot der Unterstützung von künstlerischer Produktion folgen (s. Auftragsarbeiten). Die
Vergabe von Preisen bei den großen Filmfestivals wiederum steht me-
dial im Mittelpunkt, ist aber nur der »lauteste«, bei weitem nicht der
einzige Auftrag, den diese zu erfüllen haben. Auch wenn künstlerisch-
kulturelle Veranstaltungen nicht von einem Wettbewerbsgedanken
vergleichbar jenem des Sports leben, so gibt es doch Veranstaltungen,
die *Auszeichnungen* und damit den Wettbewerb in ihren Mittelpunkt
stellen, im Unterschied zu Veranstaltungen, die den Wettbewerb in vie-
lerlei weitere Sektionen einkleiden. Beispiel für erstere Form sind die
»Tage der deutschsprachigen Literatur«, auch bekannt als Ingeborg-
Bachmann-Preis, die 1976 in Klagenfurt gegründet wurden. Hier wiederum sollte sich idealtypisch die qualitative Bindung durch die ideelle
Patronanz ergeben – Bachmann steht für eine bestimmte Art von Poesie und Gesellschaftskritik. Im Kulturbetrieb unterliegen Auszeichnungen einer vielschichtigen Struktur. Neben den professionellen Aspek-
ten des jeweiligen Kunst- und Kulturfeldes lässt sich der Einfluss des
Geschmacks von Jurys und Auswahlgremien ebenso wenig leugnen
wie die vielfachen Einwirkungsfaktoren bei Entscheidungen, die von
Einzelpersonen, Kommissionen und Beiräten herbeigeführt oder ge-
troffen werden. Während bei einem Skirennen die Uhr und bei einem
Diskuswerfen das Meterband entscheidet, werden die Gewinner der
Goldenen Palme von einer mehrköpfigen, international besetzten Jury
in einer Diskussion festgelegt. Politische Überlegungen spielen dabei
ebenso eine Rolle wie die Prägung durch kulturelle Codes der Jurymit-
glieder sowie die Durchsetzungsfähigkeit der einzelnen Mitglieder. Die
Vielschichtigkeit dieses Prozesses setzt dabei noch eine Organisations-
stufe früher an, nämlich bei der Auswahl jener Filme, die im Wettbewerb gezeigt werden, und auch dieser Selektionsprozess ist kunstim-
manenten ebenso wie externen Kriterien ausgesetzt. Jede eindeutige
Messbarkeit von Kunst und Kultur – und Auszeichnungen können als

eine Art der Messung interpretiert werden – scheitert an dieser Vielzahl von persönlichen, politischen, diachronen und synchronen Ein-
flussfaktoren. Dies ist eine gemeinsame Aussage der (kanonisierten)
Kultur- und Kunstgeschichte, wie sie Festivals bzw. Festspiele mit
Wettbewerb mitschreiben.

Theater-, Neue-Musik- und interdisziplinäre Kulturfestivals sowie
Kunst-Biennalen eignen sich (bei größerem Budget) für *Auftragsarbeiten*, wodurch sie ihren Stellenwert und ihre Attraktivität durch Nachwuchsförderung, Einzigartigkeit und Initiative für die Kunstproduktion
behaupten. Dieser so genannte *produzierende Charakter* wird zunehmend durch Kooperationen und Koproduktionen innerhalb des Netz-
werkes Festival geschaffen (vgl. Elfert 2009, Vakianis 2012). Unüblich
sind Auftragsarbeiten im Filmfestivalbetrieb, hier wurde das (unge-
schriebene) Gesetz der Förderung von künstlerischer Produktion durch
Stiftungsgründungen umgesetzt (vgl. de Valck 2007, Teissl 2012). Der
produzierende Charakter der Institution Festival ist ein wesensgrundle-
gender Aspekt von künstlerisch-kulturellen Veranstaltungen. Entstehung und Weiterentwicklung der ästhetischen Kultur werden auf diese
Weise unterstützt und Kunst als Forschung initiiert, etwa wenn bei der
documenta themenbezogene Arbeiten in Auftrag gegeben werden. Die
Festivalwelt arbeitet so mittelbar und unmittelbar mit der Kunstwelt als
Diskursform. Auch hier wieder passt der Begriff der »Zivilisationsagentur« von Brock.

Die *Zuerkennung von Titeln* nach einem Einreichverfahren als weitere Möglichkeit, eine Veranstaltung zu gestalten, kennt in der europäischen Kulturlandschaft nur ein Beispiel: die Europäische Kulturhauptstadt, eine Initiative, die 1985 von Melina Mercouri und Jack Lang ins
Leben gerufen wurde und von der EU-Kulturpolitik verwaltet und geregelt wird (s.o.).

Neben Sparten und Themen sowie Wettbewerben und Auftragsarbeiten als Zuordnungen und Leistungen lassen sich nicht zuletzt *Effekte*
identifizieren, welche eine Kulturveranstaltung auszeichnen: Die Diskursstiftung über u.a. mediale Berichterstattung, die Weitergabe von
Kunstwerken an Folge-Veranstaltungen sowie die Integration in einen

nationalen Markt, das Lancieren von Nachwuchskünstlern sowie die Qualität der Publikumszusammensetzung und -auslastung zählen dazu. Wo ein Horizontwandel eintritt, bleibt, wie oben erwähnt, eine Frage fallbezogener Kontextualisierung. Dasselbe gilt für die Frage des Wirkungsradius: Internationale, nationale und regionale Ausstrahlungskraft einer Veranstaltung tragen wesentlich dazu bei, wie Konzepte erstellt und Inhalte rezipiert werden.

Typologie-Entwurf für künstlerisch-kulturelle Veranstaltungen

Ausrichtung:
* Spartenbezogen (Musik, Literatur, Theater, Film, bildende Kunst, s.o.)
* Sparten- und themenbezogen (z.b. Queer-Film-Festival)
* Sparten- und länderbezogen (z.b. geopolitische Filmfestivals, nationale Showcases)
* Interdisziplinär

Strukturgebende Faktoren 1 (ad produzierenden Charakter):
* »Nur« Wettbewerb
* Mit Wettbewerb (international, national, regional)
* Ohne Wettbewerb
* Auftragsarbeiten (allein oder in Koproduktion)
* Markenträger (ECoC)
* High End (= lebt ausschließlich von der Kraft international reüssierender Kunstschaffender)

Strukturgebende Faktoren 2 (ad Programmselektion):
* Künstlerische Leitung
* Kuratorenschaft (z.B. in Schienen)
* Outsourcing durch z.B. Eventagentur

Effekte:

• Weitergabe von Kunstwerken an das internationale Veranstaltungsnetzwerk
• Lancierung von Erstlingswerken bzw. Auftragsarbeiten im internationalen Veranstaltungsnetzwerk
• Mediale Reflexion als Diskursstiftung (international, national, regional)
• Publikumszusammensetzung: Branche und Presse (Akkreditierte) sowie interessierte Öffentlichkeit (Zahlende)
• Diskursivität/Partizipation/Vermittlungsprogramme
• Auslastung
• Horizontwandel

Diese Einordnungen sagen auf den ersten Blick weniger über die gesellschaftspolitische Wirkung einer künstlerisch-kulturellen Veranstaltung aus als über die Anordnungsmöglichkeit eines komplexen Feldes. Das Beispiel der ersten Weltausstellung 1851 zeigt nicht nur den kunstvoll geschaffenen Zeit-Raum, welcher Exponate durch ästhetische Erfahrungsanordnungen neu transzendierte. Es zeigt im retrospektiven Blick auch, dass der ästhetische Raum als Spiegel und Affirmation okzidentaler Weltwahrnehmung diente, zugleich aber Technik als »Zivilisationsmerkmal« ästhetisch erfahrbar gemacht und in der kollektiven Wahrnehmung als Neuheit verankert wurde. Besonders der Bezug zur »Zivilisation« führte punktuell zu Ausstellungspraktiken, die heute weder vom Standpunkt der Menschenrechte noch in einem postkolonialen Kulturverständnis möglich wären (vgl. Fußnote 4, S. 32). Dieser Bezug wirft die Frage nach der in alle Richtungen wirksamen gesellschaftlichen Tragweite auf. Sie ist nicht messbar, sondern letztlich an ideologische Zusammenhänge und eine sich ständig ändernde diachrone Interpretation gebunden. Wie es keine objektive Kamera gibt – so pflegt der chilenische Dokumentarfilmemacher Patricio Guzmán zu sagen –, so gibt es auch keine objektive künstlerisch-kulturelle Veranstaltung. Ihre Funktionen und Bedeutsamkeiten entstehen u.a. in Interaktion mit der sie umgebenden Gesellschaft, mit den

Entwicklungen im jeweiligen künstlerischen Feld, der institutionellen Regelung und organisationsbezogenen Einbindung in Relation zu den Intentionen der Initiatoren. Wie die Rolle des Künstlers durch die Gesellschaft definiert wird (s.o.), so tritt auch der kommunikative Ansatz von Veranstaltungen nie als Selbstzweck zutage. Kunst, Kultur *und* Veranstalter handeln mit Werten und deshalb mit sinnverankerter Emotion von Individuen und Gemeinschaften. Veranstaltungen sind insofern ein zentraler Teil jener Apparatur, die Kunstwerke wie Initiationsriten in die Gesellschaft einführt. Sie bieten einen Turning Point für Ablehnung und Aufnahme, Affirmation oder Horizontwandel einzelner Kunstwerke und kollektiver Kulturbegriffe. In diesem Zusammenhang lässt sich das Konzept der »Sites of Passage« stellen. Marijke de Valck entwickelte es aus der Kombination zwischen »obligatory points of passages« der Akteur-Netzwerk-Theorie (ANT) und des ethnologischen Konzepts der »Rites of Passages« nach Arnold van Gennep (dt. Übergangsriten, s. gleichnamige Publikation 1909). Sie fokussiert dabei auf den Netzwerkcharakter von Filmfestivals:

»ANT theorists (such as Michel Callon, John Law, and Latour) use the notion of ›obligatory points of passage‹ to refer to the most powerful actors in the network. Obligatory points of passage are the nodes in the network that have made themselves indispensable to its practice. [...] Within the concept of ›sites of passage‹, I combine the ANT notion of ›obligatory points of passages‹ to focus on the network configuration of the Film Festival Circuit with the ›rites of passage‹ coined in 1909 by the Belgium anthropologist Arnold van Gennep in order to clarify its most consistent and successful method of preservation: cultural legitimation.« (de Valck 2007: 36f)

Marijke de Valck wendet das Konzept der »Sites of Passage« zur Beschreibung der europäischen Filmfestivals in Venedig, Berlin, Cannes und Rotterdam nicht nur als wichtige Knotenpunkte des Festivalnetzwerkes an. Sie leitet auch die überlebensnotwendige Wandlungsfähigkeit von Festivals über die Jahrzehnte von dieser Charakteristik ab, die durch eine immer wieder sich erneuernde »kulturelle Legitimierung«

stattfinden kann. Im Folgenden wird das Konzept auf künstlerisch-kulturelle Veranstaltungen allgemein ausgeweitet und die Frage gestellt, inwieweit nicht jede Kulturveranstaltung in sich eine »Site of Passage« darstellt.

KULTURVERANSTALTUNGEN ALS »SITES OF PASSAGE«

Der Begriff »Sites of Passage« setzt sich aus einer örtlichen (Site) und einer zeitlichen (Passage) Komponente zusammen. Man kann ihn wörtlich als »Übergangsort« übersetzen, aber er hat auch die Bedeutung von *Übergangsprozess*. Das hebt hervor, dass »Sites of Passage« ästhetische Akkumulations- und Aufmerksamkeitsprozesse in Gang setzen bzw. implizieren, um eine Veränderung, eine Initiation zu bewirken. Grundsätzlich kann man davon ausgehen, dass eine Veranstaltung mit dem Grad ihrer wirkungsbezogenen Autorität (Hierarchie) zu einem einflussreichen Knotenpunkt wird, dessen größter Effekt das Generieren von kulturellen Auseinandersetzungen ist. Diese Auseinandersetzung wiederum bindet im idealtypischen Fall bei künstlerisch-kulturellen Veranstaltungen einen angestrebten Horizontwandel ein, welcher in Kunstproduktion und Publikum zurückwirkt und auf Effekte verweist. Auch abseits neuralgischer Großveranstaltungen wie den Filmfestspielen in Cannes liefert das Konzept der »Sites of Passage« die Möglichkeit, Veranstaltungen so zu beschreiben, dass ihre Wirkungsbereiche bezüglich a) ihrer Rezeption durch bestimmte Publika und b) der Unterstützung künstlerischer Produktion sichtbar werden.[8]

---

8 Die ökonomische Rolle für die Region wird hier bewusst ausgelassen. Für Großveranstaltungen wie Cannes liegt sie auf der Hand, für kleinere Festivals spielt die Umwegrentabilität oft nur eine argumentative Rolle, wo kulturpolitische Ziele nicht wirkungsbezogen formuliert sind.

Anhand einer kulturellen Großveranstaltung wie jener in Cannes lässt sich der Zusammenhang exemplarisch verdeutlichen und hinsichtlich seiner Mechanismen befragen: Durch die hohe Autorität dieser Institution, die in über fünfzig Jahren gewachsen ist, hat Cannes einen weitreichenden Einfluss auf die Sparte Film. Zwischen Produktion und Rezeption ist Cannes ein mächtiger Vermittler und die Wirkung des Festivals strahlt weit über den regionalen Bereich hinaus in okzidentale und internationale Kulturen hinein. Diese Wirkung wiederum lässt sich in unterschiedliche Sektoren unterteilen: einen populären, in dem etablierte Regisseure mit ihren neuen Werken Aufmerksamkeit erregen, angenommen oder abgelehnt werden, einen nachwuchsbezogenen, in dem Arbeiten unbekannter Filmemacher vorgestellt werden und der vor allem für die Branche von Interesse ist, und schließlich einen filmhistorischen, in dem zum einen kanonisierte Werke physisch und interpretatorisch neu zugänglich gemacht werden und zum anderen vergessene oder übersehene Filme aufgespürt und präsentiert werden. Für alle drei Sektoren spielt das Festival als Institution selbst eine Rolle, spricht sozusagen aus der Logik seines eigenen Diskurses heraus. So werden Festivals auch zu Gatekeepern: Selektion für etwas bedeutet immer auch Ausschließung von etwas anderem. Ebenso löst die Bedeutung des Festivals ikonische Effekte aus; in Cannes werden Regie- und Schauspielstars präsentiert – Cannes produziert kraft seiner Autorität diese Stars aber auch (vgl. de Valck 2007: 85ff). Gerade die Exklusivität des Programms in Cannes trägt zur ikonischen Prägung und zur Geschmacksbildung bei. Aus zahlreichen Einreichungen bildet Cannes den jährlichen internationalen Wettbewerb aus nur etwa zwanzig Filmen sowie weiteren exklusiven Programmschienen, in denen Auszeichnungen vergeben werden. In einem komplex inszenierten Rahmen erfahren sie ihre Uraufführung als rituellen Eintritt in den kommerziellen und alternativen Markt. Für Kunstschaffende und Publikum wird eine Ausnahmesituation geschaffen, ein sinnliches Fest, das für beide das Davor vom Danach trennt, unabhängig vom künstlerischen Erfolg oder Missfallen beim Publikum.

Nicht nur die Anwesenden erfahren von Erfolg und Scheitern. Via Printmedien, audiovisueller Berichterstattung und Blogs entstehen öffentliche und institutionelle Diskurse zum zeitgenössischen Film. Darüber hinaus wirkt das internationale Branchenpublikum entscheidend auf den Effekt der Weitergabe von Kunstwerken: Vertreter von World Sales, Verleiher, TV-Programmierer, Festival-Intendanten und Kuratoren sorgen für die weitere Verbreitung – oder deren Unterbindung – aus dem jährlichen Angebot der Filme. Von Cannes aus werden Filme durch die Berichterstattung in den traditionellen und elektronischen Medien einem internationalen Publikum bekannt (das eventuell nicht einmal die Chance haben wird, diese Filme je zu sehen) und in Cannes werden Einkäufe getätigt, die die Kino- und Festivallandschaften in Europa (aber auch in den USA und filmaffinen Ländern weltweit) in den Monaten nach Cannes mitprägen.

Zwei Mechanismen ermöglichen diese Effektdichte: Cannes lebt vom *Uraufführungscharakter*. Cannes ist keine Veranstaltung, die für das lokale und regionale Publikum konzipiert wurde, sondern für die Filmindustrie und den alternativen Filmbetrieb. Daraus erwächst die Intensität des zweiten Mechanismus, der Multiplikatoreffekt. Internationale Multiplikatoren tauschen sich aus und reagieren folgenreich auf Werke, indem sie sie für den nationalen Kinoverleih oder Fernsehkanäle kaufen oder in ein Festival übernehmen (oder nicht). Beide Mechanismen geben Auskunft über die Wirkungsbereiche und Intentionen von Cannes.

Dass Cannes von der internationalen Filmwelt ein zentraler Stellenwert bescheinigt wird, führt de Valck auf den Paradigmenwechsel von kommerziellen zu kulturellen Werten zurück, für den Cannes eine wichtige Rolle spielte:

»By changing the parameters of evaluation from economic to cultural, the contours of a new type of culture industry were created by Film Festivals as the obligatory points of passage for critical praise. Film Festivals, in short, are sites of passage that function as the gateways of cultural legitimation.« (de Valck 2007: 38)

Interessant am Beispiel Cannes ist, dass die »kulturelle Legitimierung« die Unterhaltungsindustrie ebenso umfasst wie Experimentelles oder Ungewohntes. Die Umstrukturierung der Filmfestspiele in Cannes in den 1960er Jahren (s.o.) war von den Interessen der europäischen und der US-amerikanischen Filmindustrie ebenso motiviert wie von der Absicht, die nicht kommerzielle internationale Filmkunst zu stärken. Diese Symbiose ergab eine starke Basis, um in direkter Verbindung zwischen Sehgewohnheit und Bruch die Sparte Film lebendig zu halten. Avantgarde, experimentelle Ausdrucksformen und Filmschaffen aus nicht okzidentalen Kulturen wurden durch diese inszenierte Plattform gestärkt. Cannes erfüllt somit eine archetypische Funktion von künstlerisch-kulturellen Veranstaltungen, den Dialog mit dem Kunstschaffen selbst. Diese Eigenschaft von künstlerisch-kulturellen Veranstaltungen besitzt eine längerfristige Wirkung. Erst retrospektiv wird z.B. ersichtlich, wie bedeutungsvoll die frühe Miteinbeziehung afrikanischer und lateinamerikanischer Regisseure in den Wettbewerb von Cannes für den postkolonialen Diskurs war. Zum anderen zeigt sich, dass diese Plattformen umso effizienter die Aufmerksamkeit für innovative oder kulturell ungewöhnliche Ausdrucksformen befördern können, je weniger alltagsaffin sie sind. Daraus lässt sich ein weiterer Mechanismus ableiten: Die inhaltliche Qualität einer kulturellen Großveranstaltung wie Cannes erwächst aus ihrer ausgeprägten cineastischen Identität. Es gibt also ein zentrales inhaltliches Wollen als Triebkraft, eine Intention der Veranstalter und Kuratoren, ein poetisches Wollen, das mit dem Horizontwandel spielt.

Von besonderer Bedeutung für dieses poetische Wollen sind im Falle von Cannes und anderen Großveranstaltungen der internationale Charakter sowie das ästhetische Interesse. Beide ermöglichen eine Enthebung aus nationalen oder disziplinären Befindlichkeiten und damit eine Beförderung von künstlerischen Positionen. Filmfestivals können als Verhandlungsorte fungieren und Richtungsänderungen in nationalen und internationalen Rezeptionsweisen bewirken. Als Beispiele seien hier »Los olvidados« (1950) von Luis Buñuel und »Les Maîtres fous« (1954) von Jean Rouch genannt: Die formale und inhaltliche Radikalität von Jean Rouchs 16mm-Aufzeichnung eines antikolonialen Rituals der Hauka in Niger führte zu Diskussionen im ethnologischen Kreis. Rouch wurde nahegelegt, den Film zu vernichten. Ein Preis in Venedig 1955 rehabilitierte den Film, zumindest für die Filmgeschichte. Zeitlebens blieb Rouch skeptisch, in welchem Rahmen er den Film zeigen wollte, da es im Auge des Betrachters liegt, ob hier ein Akt der kolonialen Befreiung über Mimesis stattfindet, oder ob er als Unterstreichung individueller Vorurteile über »Wilde« rezipiert wird (vgl. Hohenberger 1988). Auch Luis Buñuels Jahrhundertwerk »Los olvidados« über das grausame Leben in den Slums von Mexiko Stadt wurde in Mexiko aus den Kinos genommen, da es als Staatsbeleidigung empfunden wurde. Nachdem der Film in Cannes 1951 ausgezeichnet worden war, kam er erneut in die Kinos. (vgl. Buñuel 1983: 197, Teissl 2013)

Das hier sehr knapp dargestellte Beispiel von Cannes dient der Veranschaulichung dessen, dass Kulturveranstaltungen nicht einfach Messen, Showcases, Unterhaltungsprogramme und Generatoren von ökonomischen Werten sind, sondern dass ihr eigentlicher Stellenwert im Wirkungsbereich für kulturelle Diskurse liegt: in dem, was Brock als »Zivilisationsagentur« bezeichnet und was Prozesse des Horizontwandels herbeiführen kann. Dieser Horizontwandel geschieht auf kollektiver Ebene und über Räume, die im Modellfall nicht zwingend international sein müssen, sondern auch lokal, regional oder national sein können. Die Einwohner von Cannes und der Region sind nicht das Zielpublikum des Festivals, die Rezeption durch das lokale Publikum oder auch durch angereiste Filminteressierte zu fördern, ist nicht sein Daseinsziel. Vielmehr war Cannes immer schon ein Ort der »Übergangsprozesse« für internationale Effekte. Seine größte Herausforderung ist seit der digitalen Revolution deshalb auch die Frage nach der Verantwortung zwischen kultureller Globalisierung als Machtverhältnis und Internationalisierung als dialogischer Anspruch in einer global kommunizierenden Welt.

Die Gatekeeper-Funktion entspricht für die einzelnen Werke ebenso einem Markenbildungsprozess wie auf Ebene der Filmlandschaft einer Marktbildung. So tragen sie zur Geschmacksbildung von Publika bei, zum kollektiven Verständnis einer Kunstspartensprache, zur Image-Bildung verschiedener Kulturen sowie auch zur Sozialität durch den Live-Charakter, der unmittelbaren und mittelbaren Austausch zulässt: vor Ort und über Massen-, Branchen- und interaktive Medien. Etablierte Veranstaltungen haben zumeist in den Augen des Publikums einen »Markencharakter«: Man weiß, wofür die Filmfestspiele in Cannes, die documenta in Kassel oder das Theaterfestival von Avignon stehen. Umgekehrt wissen auch Kunstschaffende mehr oder weniger, ob ihre Werke zur documenta, nach Cannes oder Avignon »passen«. Sie wissen meist auch, ob sie sich in eine Richtung entwickeln wollen, die irgendwann kompatibel mit einer namhaften Einrichtung ist, ob sie ihre Arbeiten bei mittelgroßen oder alternativen Institutionen besser aufgehoben sehen oder ob sie den inzwischen möglichen Weg des Eigenvertriebs im Netz gehen wollen und so (scheinbar) von den Mittlern und Vermittlern unabhängig sind.

Veranstaltungsprojekte bringen nicht von vornherein den Anspruch eines breiten und weitgefassten Wirkungsradius mit sich, besonders, wenn sie sich in der Peripherie befinden. Sie schließen eine solche Dynamik aber auch nicht aus. Bereits im 19. Jahrhundert war man bewusst in die Peripherie ausgewichen (s.o.), und bei entsprechenden Interessen der Kulturpolitik und/oder Kulturindustrie ist eine gezielte Lancierung besonders in der Peripherie möglich. Wer würde Cannes ohne die Filmfestspiele kennen? Dass Cannes zur *Marke* Cannes wurde, geht auch auf eine kulturpolitische Entscheidung zurück, bei der man den Attraktivitätswert der Riviera im Frühsommer zugunsten der Filmveranstaltung mitkalkulierte. Der umgekehrte Weg wurde versucht, scheiterte aber in einem bekannten Beispiel: Mehrere Versuche, in Acapulco ein Filmfestival mit internationalem Stellenwert zur weiteren Unterstützung des Tourismus zu initiieren, scheiterten, weil das

Konzept zu wenig inhaltlichen Gehalt bzw. zu wenig Identität aufwies, um Dynamik zu evozieren (vgl. Turan 2003, Teissl/Wolfram 2012).

Die Peripherie hat also punktuell den Vorteil, weniger reglementiert zu sein und deshalb besondere Freiräume zu öffnen (s. die Gründungssituation der Festspiele in Bayreuth und Venedig, aber auch Cannes). Kulturinitiativen aus der freien Szene nützen diesen Freiraum seit den 1980er Jahren und stehen heute vor einer dichten, fast übersättigten Angebotsstruktur für experimentelle Kunstformate. Sie unterstützen so Nischen- und Experimentalkultur – oft der Boden für später anerkannte Ausdrucksformen. Die Peripherie hat aber, wo sie nicht zum Schauplatz von Großveranstaltungen gemacht wurde, auch den Nachteil dessen, was in der konnotativen Bedeutung »Provinz« mitschwingt: Ihre Möglichkeiten sind begrenzt – oder werden durch Gegebenheiten begrenzt. Dies gilt sowohl in Bezug auf die ökonomischen Aspekte als auch auf die Ermöglichung von Auseinandersetzung mit kultureller Produktion: Kunstschaffende wandern oft ab in urbane Zentren und der Wirkungsbereich einer Veranstaltung in der Peripherie richtet sich nicht selten ausschließlich an das heimische Publikum, muss also die regionalen Bedürfnisse und Möglichkeiten in erster, nicht in letzter Linie mitdenken. Auch dies kann Innovationspotenzial stiften, wenn es Verbündete in der Kulturpolitik, der Wirtschaft oder der Kulturindustrie gibt. Veranstalter sind nicht ganz frei in ihrer Entscheidung, ob sie eine High-End-Veranstaltung etablieren oder sich als Innovatoren für ein Potenzial engagieren wollen, das in besonderem Maße an soziopolitische Gegebenheiten gebunden ist – und damit eine hohe Abhängigkeit von Subventionen entwickelt: 2010 fand das Dreiländereck-Festival Xong! (Italien, Österreich, Schweiz) von Kulturwirt und Regionalentwickler Konrad Meßner wegen Verschuldung zum zwölften und letzten Mal statt, obschon der Publikumszuspruch groß war.

Peripherie als Kontext

>»Kulturprojekte im ländlichen Raum,
die das kopieren, was sich in großen
Museen oder in der Freizeitindustrie
behauptet, gehen an ihrem eigentli-
chen Potenzial vorbei.«
BERNHARD KATHAN (2012B)

Zentrum und Peripherie sind zwei Begriffe, die in relationaler Beziehung zueinander stehen: Der eine ist ohne den anderen weder verständ-
lich noch sinnvoll (vgl. Assmann 2008). In der Kulturwissenschaft stehen die Begriffe nach Assmann in Zusammenhang mit Kolonialismus:
Als »Zentrum« empfanden sich die Kulturen der Eroberer, die Kulturen der Eroberten wurden zur »Peripherie« erklärt. Im Zeitalter des
Postkolonialismus verschiebt sich diese schematische Zuteilung auf ihre Nachwirkungen. Bis heute hat die okzidentale Kultur kein verankertes weltkulturelles Verständnis entwickelt (vgl. Teissl 2012), während
ehemals kolonialisierte Kulturen die Folgen des kulturellen Kontinui-
tätsbruches auf vielfache Weise aufarbeiten.[1] Der kolonialistische

---

1 Während lateinamerikanische Länder bereits im 19. Jahrhundert ihre Un-
   abhängigkeit erreichten, befinden sich viele afrikanische Länder erst seit
   wenigen Jahrzehnten im Prozess des kulturellen Wiederaufbaus und der
   Rückgewinnung der Souveränität.

Machtindex hat auf internationaler Ebene seine formellen Einrichtungen verloren und wirkt im komplexen Bereich der Mentalitäts- und Interkulturalitätskonstrukte als Gewohnheits-, Selbstverständnis- und Emotionsspektrum.

Zentrum und Peripherie lassen sich aber auch auf die Beziehung Stadt-Land übertragen und auf ein (nationales, kulturelles) Territorium begrenzen. Der (politische) Machtindex von (ehem.) Kolonialbeziehungen findet sich sodann in strukturell begründeten Rahmenbedingungen und Wirkungsgraden von Kulturveranstaltungen wieder. Neben den kulturpolitisch nicht ganz klar definierten Förderstrukturen zwischen den Gebietskörperschaften auf Bundes- und Landesebene spielen für das Konstrukt Zentrum-Peripherie auch die an diese Unterscheidung geknüpften Topoi eine einflussreiche Rolle (s.u.).

Im Gegensatz zum relationalen Begriff »Peripherie« ist die Bezeichnung »Provinz« negativ konnotiert. Provinzialismus steht für engstirnige und rückständige Haltungen und wird wie die Peripherie zur Urbanität in Gegensatz gestellt, allerdings in wertendem Ausdruck. »Peripherie« evoziert in direkter Assoziation das plastische Bild von den Randbezirken einer Stadt, während »Provinz« eine viel größere räumliche Distanz suggeriert, bei der eine intellektuelle und mentalitätsbezogene Kluft mitgemeint scheint. Aufgrund seiner Konnotation eignet sich das Adjektiv »provinziell« als Kampfbegriff bei öffentlichen Debatten und meint oben stehende Haltung unabhängig vom geografischen Standort. Im Folgenden wird der Begriff »Provinz« vermieden und vom regionalen Raum Tirol einschließlich der Landeshauptstadt Innsbruck als Peripherie in der österreichischen Kulturlandschaft gesprochen.[2] Dies drückt keine inhaltliche Wertung, sondern einen re-

---

2 Im Konzept »Stärkung zeitgenössischer Kulturarbeit in den Regionen« (2012) der TKI wird nach der Soziologin Gerlind Weber unterschieden zwischen »rurbanen Siedlungstypen« als Übergangstypen zwischen Stadt und Land sowie den besiedelten Verbindungszonen zwischen Städten als »Speckgürtel« (Weber 2009: 169 zit. in TKI 2012: 5).

lationalen Zusammenhang aus, der sich in finanziellen, rezeptionsbedingten und kulturjournalistischen Rahmenbedingungen spiegelt, welche ihrerseits Rahmenbedingungen für das Dispositiv Kulturveranstaltung herstellen.

Vor dem Industriezeitalter waren Herkunft und Entwicklungsmöglichkeit europäischer Kunstschaffender vergleichsweise unabhängig von der Größe und Bedeutung ihres Heimatortes, da das Konzept der Metropolen noch nicht in der heute gültigen Form bestand. Mit dem Industriezeitalter aber erlebten Städte einen enormen Bevölkerungszuwachs, es entstanden Metropolen, welche u.a. durch Informationskonzentration und die Dynamik jener geprägt waren, die aus Konventionen und Gesellschaftszwängen ausbrechen wollten, die politische Systeme ebenso hinterfragten wie Traditionen, sexuelle Normen und Fragen des Lebensstils. Die unterschiedlichen Geschwindigkeiten des Informationsflusses in diesen zu Metropolen angewachsenen Städten und jenen am Land wurden zwar mit den aufkommenden Massenmedien Radio und Fernsehen nach dem Zweiten Weltkrieg einander angeglichen und scheinbar demokratisiert, dennoch hielt sich nicht nur die Vorstellung vom Unterschied zwischen dem permanenten Aufbruch in der Großstadtdynamik und der ruhigen, verschlafenen »Provinz«. Auch das kulturelle Selbstverständnis war ein anderes geworden und äußerte sich u.a. in der Mediennutzung sowie der kulturellen Teilhabe. Als »Sommerfrische« wurde die Peripherie zu einem Topos (vgl. Rosendorfer o.J.), der die Sicht der Städter wiedergibt, also ein Fremdbild vermittelt. Städter suchen am Land Erholung und Naturnähe, um sodann wieder dorthin zurückzukehren, wo sie sich eigentlich zu Hause fühlen: in den Großstadtdschungel. Sie geben der als »Provinz« bezeichneten Region einen Zweck und entfernen sich so vom Selbstverständnis der betroffenen Region. Denn aus Sicht der »Provinz«-Bewohner stellen sich Erholung und Naturnähe anders dar.[3] Ländliche und kleinstädti-

---

3   Früher Tourismus in den Alpen wird z.B. in den Publikationen des Alpenvereins betrachtet, unter dem Punkt »Erstbesteigungen« im Ötztal

sche Lebenszusammenhänge bilden einen eigenen Kokon, bringen eine grundsätzlich andere Lebensweise mit sich und erwecken andere Bedürfnisse als die großstädtischen Traditionen. Welche sind das? Die Ausbildung eines urbanen Lebensstils charakterisiert sich u.a. über die Teilhabe an Kunst und Kultur, den Wunsch nach stets innovativen, weltoffenen Formaten und pluralistischer Auseinandersetzung. Metropolen ermöglichen für Kreative und Unangepasste, für Reiche und Einflussreiche einen permanenten Ausnahmezustand. Am Land hingegen scheint die Kontinuität von Werten und traditionellen Lebensstilen eingelagert zu werden. Innovation am Land kann, aus diesem Zusammenhang betrachtet, deshalb ein wesentlich zäherer Kampf gegen, mit und für Traditionen sein, als dies in der Metropole der Fall ist. Wirtschaftliche Entwicklungen oder Eingriffe von außen haben einen bedeutenden Einfluss, oft sind sie es, die Veränderungen am Land implementieren, ohne dass es eine Phase des organischen Wachstums gibt.

Heute, nach der Überwindung des Industriezeitalters und noch in der Phase der Informations- und Leistungsgesellschaft, führen Großstädte und besonders Metropolen ihre Daseinsweise als Zentren kultureller Aktivität fort und können sich im Wesentlichen auf zwei starke Faktoren stützen. Relevante Multiplikatoren-Effekte finden in Großstädten

---

schreibt Hannes Schlosser auf die Darstellung von Ludwig Steub 1842, der Erste gewesen zu sein, der die »Gebirge und Gletscher rund um bestieg«: »Diese Aussage ist ein Hinweis darauf, dass die Listen von Erstbesteigungen mit Vorsicht zu genießen sind. Den Zusatz ›touristische Erstbesteigung‹ sollte man gedanklich machen. Denn neben Hirten und Bauern, die seit Jahrhunderten die Region durchstreiften, kamen in Vent manche Beobachter des Vernagtferners als frühe Gipfelbesteiger in Frage – und Anfang des 19. Jahrhunderts Mitglieder der österreichischen Armee, die das Habsburgerreich vermessungstechnisch und kartographisch flächendeckend zu erfassen hatten.« (Schlosser 2012: 39).

fruchtbare Verhältnisse: Zum einen verfügen Großstädte in der Regel über eine intellektuelle Infrastruktur mit weitreichendem Einfluss auf die kollektive Rezeption. Dies betrifft die Anzahl der potenziellen Besucher einer Veranstaltung ebenso wie die Möglichkeiten von diskursstiftender Aufnahme durch Medien. Besonders dieser letzte Umstand setzt sich oft in der Weitergabe von Kunstwerken an andere, nationale und internationale Veranstaltungen fort, einer der zentralen Effekte, die Kulturveranstaltungen als »Sites of Passage« herbeiführen. Zum anderen sind in der Regel die Finanzierungsmöglichkeiten in urbanen Zentren besser als im ländlichen Raum, sei es über Sponsoren, Stiftungen oder die öffentliche Förderung. Letztere hat in Österreich einen fundamentalen Stellenwert für den Kulturbetrieb und weist eine Struktur zwischen Kulturzentralismus und Hoheit der Länder auf. Sie erfolgt bundesweit bei zugleich »sehr umfassenden unmittelbaren Verantwortlichkeiten der Bundesländer innerhalb der jeweiligen Landesgrenzen« (www.bmukk.gv.at/kultur/foerderungen/index.xml). Einrichtungen des Bundes sowie »Projekte von überregionalem Interesse« (ebd.) sind Aufgaben der Kultursektion des Bundesministeriums für Unterricht, Kunst und Kultur mit den Schwerpunkten »regionale Museen, volkskulturelle Aktivitäten und das öffentliche Büchereiwesen in ganz Österreich« (ebd.). Dies gilt auch für die Sektion für Kunstangelegenheiten, welche auf Basis des Kunstfördergesetzes 1988 »nach Maßgabe der jeweils verfügbaren Mittel« Kunstschaffende und Kunstinstitutionen unterstützt (www.bmukk.gv.at/kunst/foerderungen/index.xml). Unterschieden wird hier nach den Sparten Bildende Kunst inkl. Architektur, Mode, Design und Videokunst; Musik und Darstellende Kunst inkl. der Kunstschulen; Film; Literatur und Verlagswesen; Bilateraler Kunstaustausch sowie regionale Kulturinitiativen (ebd.)

Die föderale Struktur ist also weniger eindeutig definiert als in Deutschland, dennoch liegen

»gemäß Artikel 15 des Verfassungsgesetzes [...] die meisten kulturpolitischen Befugnisse bei den Bundesländern (›Kulturhoheit‹), während die Bundesregierung für ›hoheitliche‹ Angelegenheiten wie wissenschaftliche und technische

Archive und Bibliotheken, wissenschaftliche Sammlungen und Kunstsammlungen sowie für Einrichtungen des Bundes (Bundesmuseen, Nationalbibliothek), Bundestheater, historische Baudenkmäler, konfessionelle Einrichtungen,
Stiftungen und Fonds zuständig ist.« (http://ec.europa.eu/culture/portal/sites/
members/austria_de.htm)

Doch auch Gedankenkonstrukte und Topoi, die sich quasi immer wieder neu erschaffen, beeinflussen die Haltungen. Manche Veranstalter
und Kunstschaffende, die in der »Heimat Peripherie« bleiben, und
selbst Kulturpolitiker in den Ländern verinnerlichen das Narrativ dieses Topos. Es wird mitunter auch als willkommenes Argument für regionale kulturpolitische Entscheidungen verwendet: Auf Tirol bezogen
schreibt Irmgard Plattner in Zusammenhang mit der ablehnenden Haltung zur Gründung von Festspielen in Innsbruck in den 1940er und
1950er Jahren: »Für das Versagen in der Festspielfrage wurde das ei-
nigende Motiv des Provinz-Metropole-Gegensatzes bemüht, da in der
Konzentration des Kulturbudgets auf die Bundeshauptstadt der Nukle-
us für das kulturelle Defizit in der Provinz gesehen wurde.« (Plattner
1999: 271) Max Weiler (1910-2001) reflektierte seine Zeit in Wien als
Frage der Einstellung:

»Ich werde mich mit begabten Schülern abgeben, akademische Ämter, Würden,
Aktivitäten aber vermeiden. Die Stadt werde ich ignorieren. Der internationalen
Kunstszene werde ich mißtrauen. Unbewußt beherrschte mich diese Einstellung. Ich wußte damals nicht viel über das Unbewußte. Jetzt aber, da ich etwas
weiß, werden mir die Folgen dieser Einstellung vor Augen geführt: So wie ich
die Akademie anschaute, so schaute sie mich an. Wollte ich mit ihr nicht viel
zu tun haben, will sie mit mir nicht viel zu tun haben. Wie ich die Stadt Wien
ignoriert habe, hat sie mich ignoriert. Wie ich der internationalen Kunstszene
mißtraute, mißtraute sie mir.« (Weiler o.J.: 62)

Die Konzentration des unabhängigen und qualitativen Journalismus in
und auf Wien wirkt sich im Kulturjournalismus in zweifacher Hinsicht
aus: quantitativ in der Selektion jener Veranstaltungen, die in den bun-

desweiten, meinungsbildenden und potenziell diskursstiftenden Medien rezensiert werden. Merkmale wie Uraufführungen und Österreichpremieren, Wettbewerbe oder die Anwesenheit prominenter Gäste können hier zu den Auswahlkriterien der Berichterstattung zählen, aber auch besondere Nischenangebote und gutes Lobbying. Zum anderen wirkt sich die Wien-Konzentration auch in der Qualität der Wahrnehmung aus. Veranstalter in der Peripherie werden aus der Wiener Perspektive latent in einen »provinziellen« Kontext gestellt, weniger, indem die konkreten Rahmenbedingungen der Peripherie erkannt und diskutiert werden, als vielmehr darin, dass die Erwartung (oder die Distanz?) selbst den journalistischen Blick prägt. Nicht nur Kunstschaffende und Veranstalter in der Peripherie verinnerlichen also einen Topos, sondern auch Multiplikatoren wie Journalisten. So betitelte etwa das österreichische Wochenmagazin profil die Kurznachricht zur Absage zweier von einer unabhängigen Jury ausgewählten Projekte der TKI_open 2011[4] durch Kulturlandesrätin Beate Palfrader mit »Alpensaga«, obschon dieser Fall keinen Zusammenhang zum gleichnamigen Werk von Peter Turrini unter der Regie von Dieter Berner aufweist (Schedlmayer 2012: 83). Vielleicht auch dachte die Journalistin eher an das Alpenland im Sinne von Werner Pirchners Tiroler Filmsatire »Der Untergang des Alpenlandes« (1974), zu der es durchaus einen subtilen inhaltlichen Zusammenhang gegeben hätte. So oder so scheint der allgemeine Verweis »Alpen« im Titel zu genügen, um nicht nur einen geografischen Bezug zu Tirol herzustellen, sondern auch eine kulturelle Vorstellung zu wecken. Der Vorfall, der in Tirol zu einer öffentlichen Diskussion über Förderentscheidungen und die Rolle der Kulturpolitik führte, wurde in dem Beitrag außerdem als »Provinzposse«

---

4   TKI_open wurde 2002 als Förderprojekt für die freie Szene gegründet. Die Mittel werden von der Kulturabteilung des Landes Tirol zur Verfügung gestellt, die inhaltliche und organisatorische Arbeit liegt bei der TKI. Jährlich wird ein Thema ausgeschrieben, über die zu fördernden Projekte entscheidet eine unabhängige Fachjury (vgl. www.tki.at/tki-open/tki-open-14.html).

bezeichnet. Umgekehrt verwies die in Tirol lebende Schriftstellerin und Kolumnistin Stefanie Holzer auf den Höhensprung der Förderung für die von ihr und Walter Klier herausgegebene »Gegenwart – Zeitschrift für ein entspanntes Geistesleben« (1989-1997), nachdem der in Wien ansässige Deuticke Verlag das Produkt unter seine Fittiche genommen hatte (Holzer/Klier 2004: 224).

Österreich, einst Zentrum der K.-u-k.-Monarchie und insofern von Resten des großen – und durchaus auch kolonialen – Gestus durchdrungen, ist heute so klein, dass sich eine jegliche Form von Kulturzentralismus – sei er mental oder über die Verteilung öffentlicher Gelder –, eigentlich erübrigen könnte. In der Praxis ist Wien nicht nur die Bundes-, sondern auch die Kulturhauptstadt Österreichs. Die Mehrzahl der Veranstaltungen findet in Wien statt, wobei Hochkultur (Wiener Festwochen), alternativer Mainstream (Viennale – Vienna International Film Festival), themenbezogener Aktivismus (Identities – Queer Film Festival, Postmigrantisches Theater), Kunst im öffentlichen Raum und Formen von Subkultur nebeneinander gedeihen und Spartenvielfalt herrscht. Zudem ist Wien die einwohnerstärkste Stadt mit den meisten Bildungseinrichtungen und stetigem Zuzug der Creative Class aus den Bundesländern sowie auch vieler Personen, die aufgrund ihrer sexuellen, politischen, lebensstilorientierten u.a. Neigungen am Land keine verinnerlichte Heimat finden. Dadurch erweist sich das Publikumspotenzial naturgemäß als höher, dynamischer und spezifischer als in der Peripherie. Communities gedeihen, progressive Einrichtungen und Initiativen wachsen. Trotz der Medienkonzentration in Österreich verfügt Wien im Vergleich zu den Bundesländern über mehr unabhängige und kulturbewusste Medien wie z.B. den Falter, die Diskursvielfalt ermöglichen und Qualitätsjournalismus[5] leisten. Österreichische Tageszei-

---

5 Qualitätsjournalismus wird hier verstanden als recherchebasierter Journalismus statt der Übernahme von Agentur- und Pressemeldungen und bezieht dies auch auf den Kulturjournalismus.

tungen und Wochenmagazine wie Die Presse, Der Standard, Kurier oder profil sind, was den Kulturjournalismus betrifft, grundsätzlich auf Wien fokussiert. Neben Wien haben sich aber auch Graz und Linz zu kulturellen Zentren entwickelt, die international als solche wahrgenommen werden, wobei die Zuerkennung des Titels ECoC unterstützend wirkte (2003 Graz, 2009 Linz). In ihrer Bilanz zur Nachhaltigkeit Europäischer Kulturhauptstädte schreibt Agnes Szabó 2012: »Wo vorher Kultur ein Bestandteil des alltäglichen Lebens war, hat sie Nachhaltigkeit. Wo sie das vorher nicht war, kann allein durch ein Event – egal, wie groß oder europäisch es ist – Kultur nicht generiert werden.« (Szabó 2012: www.freitag.de/autoren/der-freitag/europaeische-kultur hauptstaedte-eine-bilanz).

In Graz und Linz sind auch jene künstlerisch-kulturellen Veranstaltungen beheimatet, die in ihrer Konzeption nach wie vor einzigartig in der deutschsprachigen Kulturveranstaltungslandschaft sind und internationale mit regionaler Wirkung vereinen: 1968 gründete der Volkskundler Hanns Koren (1906-1985) in seiner Funktion als Kulturreferent des Landes Steiermark (1953-1970) gemeinsam mit u.a. Emil Breisach den steirischen herbst (Festival neuer Kunst) in Graz.[6] Als Festival im Festival beherbergt der steirische herbst das ebenfalls 1968 gegründete musikprotokoll, Österreichs ältestes Festival der zeitgenössischen Musik, eine Koproduktion von Ö1 und Radio Steiermark. Auch darüber hinausgehende Auftragsarbeiten zählen zum Fundament der Veranstaltung. Seit 1983 wird der steirische herbst von wechseln-

---

6 Beim »Hanns Koren Bedenkjahr 2006«, als »auszeit« betitelt, wurde die Vielschichtigkeit seiner kulturpolitischen Ansätze in ein Programm übersetzt, das in der Rubrik »Imaginäre Akademie« auch das Thema »Provinz« berücksichtigte (www.hanns-koren-auszeit.at, 28.8.2012). An Korens politischer Biografie ließen sich die höchst komplexen Begriffswelten von »Heimat«, »Tradition«, »Avantgarde« ebenso beispielhaft diskutieren wie die Rolle von Kulturpolitikern in den Aufbruchzeiten der 60er und 70er Jahre.

den künstlerischen Leitungen verantwortet. Immer schon war es ein Festival, das sich dem produzierenden Charakter und dem Aufbruch verschrieben hatte: Auftragsarbeiten und Plattformen für »Skandalöses« – von Wolfgang Bauer über Hans Haacke bis zu Christoph Schlingensief und Werner Schwab als Protagonisten – ermöglichten eine starke Identität und Diskursstiftung, die Einbindung der Kulturbetriebe vor Ort eine gute Verankerung in der Stadt. In der Selbstdarstellung auf der Homepage des steirischen herbstes heißt es heute:

»Paradox (und etwas selbstironisch) kann man den steirischen herbst als Festival der Avantgarde mit Tradition bezeichnen: Seit vierzig Jahren ist der steirische herbst eines der weltweit wenigen Festivals für zeitgenössische Künste, das seinem Wesen nach wahrhaft multi-disziplinär ist.« (www.steirischerherbst. at/2012/micro/deutsch/festival.php)

Die Funktion der Avantgarde bringt es mit sich, dass das Potenzial einer Veranstaltung nicht immer erkannt wird – weiterführend heißt es im Zitat:

»Lange bevor die Vernetzung der Künste als Forderung in aller Munde war, integrierte er [der steirische herbst, A.d.V.] Kunst, Musik, Performance, Tanz, Theater, Literatur, Architektur, Neue Medien und Theorie – im Lauf der Jahre mit unterschiedlichen Schwerpunkten, immer aber selbstbewusst aus den jeweiligen Bedingungen des Genres heraus. Als Dialog, der die spezifischen Eigenheiten der Ästhetiken und Praxen zwar hinterfragt, nicht aber nivelliert.« (Ebd.)

Trotz seiner Erfolgsgeschichte und internationalen Anerkennung gehören Finanzierungsturbulenzen heute wieder zum Alltag des steirischen herbstes. Ungebrochen ist seine diskursstiftende Bedeutung für die europaweite Vernetzung und den produzierenden Charakter von Festivals, die weit über den Raum Graz bzw. Steiermark hinausreicht. Eine grundlegende Überlebensstrategie des steirischen herbstes liegt gerade in seiner guten Vernetzung und den daraus erwachsenden Koproduktionen (vgl. Vakianis 2012).

1979 fand die erste Ars Electronica in Linz statt, ein vom damali-
gen Intendanten des ORF Landesstudios Oberösterreich Hannes
Leopoldseder initiiertes Festival, das sich dem Dialog von Technik und
Kunst widmet und in seinem forschenden Diskurs ein einzigartiges
Modell darstellt. Linz, das dazumal österreichweit noch als »hässliche
Industriestadt« empfunden wurde, war die perfekte Heimat für diese
Allianz. Die Wucht der »Klangwolke«, die in Kooperation mit dem In-
ternationalen Brucknerfest Linz das Festival 1979 eröffnete und rund
100.000 Besucher anzog (www.brucknerhaus.at/www1/de/programm/
kw_idee.php), war eine Metapher und ein Signal für das Bestreben, das
Stadtimage mittels Kulturentwicklung zu verändern: vom Smog zur
Ästhetik, mit dem Industrieimage spielend, nicht es negierend. Bis
1986 fand die Ars Electronica biennal statt, 1987 wurde der Prix Ars
Electronica eingeführt, neben dem Festival Ars Electronica, dem Museum Ars Electronica Center (gegründet 1996, erweitert 2009) und
dem Forschungslabor Futurelab eine der vier Säulen der Ars
Electronica Linz GmbH. Spätestens seit der Europäischen Kulturhauptstadt Linz09 gilt die oberösterreichische Landeshauptstadt als innovativer Boden für Kunst und Kultur. Der Erfolg von Linz09 wiederum baute auf der Existenz zahlreicher Initiativen und Veranstaltungen
sowie den Kulturentwicklungsplan (KEP) der Stadt Linz aus dem Jahr
2000 auf. Sowohl das bereits bestehende Kulturangebot als auch die
Kulturentwicklungsplanung ermöglichten die infrastrukturellen und
mentalen Grundsteine für ein breites Unterfangen wie ECoC.

Auch abseits kultureller Zentren finden sich diskursstiftende Veranstaltungen wie das Festival der Regionen. Gegründet 1993, setzt das
Konzept beim Standort Peripherie an. Zum Auftakt hieß es:

»Landauf, landab schmücken sich Gegenden mit Festivals. Festivals an einem
Ort konzentriert oder Festivals von einer Intendanz bestimmt und Plätzen zugeordnet. Das Festival der Regionen versucht einen neuen Weg: Dezentral in
ganz Oberösterreich entstehen Projekte, erarbeitet von heimischen Kulturschaffenden, Künstlern und Künstlerinnen.« (http://intra.fdr.at/fdr/fdr93/index
93.html)

Die Veranstalter wählten eine progressiv-reflexive Umgangsform und nützten den produzierenden Charakter zur Diskurs- und Identitätsstiftung:

»Das Festival der Regionen präsentiert ausschließlich eigens für das Festival produzierte oder in der Schwerpunktregion entstandene Projekte und orientiert sich international an einem zeitgenössischen Kulturbegriff, der Kunst, Wissenschaft und soziale Praktiken ebenso umfasst wie Verknüpfungen zu Alltagskultur und interdisziplinärer Zusammenarbeit. Erklärte Ziele sind die Intensivierung der Auseinandersetzung mit zeitgenössischer Kunst & Kultur außerhalb der städtischen Zentren durch die Zusammenarbeit von Kunst- und Kulturschaffenden mit lokalen Kulturinitiativen und der Bevölkerung.« (http://fdr.at/new/uber)

Diese und andere österreichische Kulturveranstaltungen eint bei aller unterschiedlicher Spartenbezogenheit und Konzeption die Tatsache, dass sie die jeweiligen regionalen Besonderheiten als Ausgangspunkt der Inspiration nehmen, sich von der Wurzel in die luftigen Räume hocharbeiten und damit international reüssieren. Und sie sind Veranstaltungen, die auf kuratorischen Konzepten und Intentionen basieren.

AUSWIRKUNGEN AUF DIE FINANZIERUNG

Als traditionelle »Kulturnation« und bei entsprechender Subventionskultur ist in Österreich nach wie vor die öffentliche Hand der Hauptfinancier für Kunst und Kultur. 2,30 Mrd. Euro bzw. 0,76 Prozent des BIP wurden 2011 für Kunst und Kultur von der öffentlichen Hand zur Verfügung gestellt.[7] Das Kunstsponsoringvolumen hingegen schätzen

---

7   »Die Ausgaben des Bundes betrugen 805 Mio. Euro, die Länder einschließlich Wien verzeichneten 958 Mio. Euro und die Gemeinden (ohne Wien) 669 Mio. Euro (jeweils vor Abzug intergovernmentaler Transfers). Nach

die Initiativen Wirtschaft für Kunst (IWK) ohne Angaben auf betreffende Jahre und inklusive Sportsponsoring auf 43 Millionen Euro, bei Berücksichtigung von Sach- und Know-how-Leistungen um ein Drittel höher (vgl. www.iwk.at). Die österreichische Kunst- und Kulturförderstruktur ist paritätisch nach Bund, Land und Gemeinden gegliedert, lehnt sich aber verfassungsrechtlich an eine Kulturhoheit der Länder an (s.o.). Das heißt, es liegt im Ermessen der jeweiligen Landesregierungen, die Höhe von Kulturbudgets und die Beschaffenheit von Förderstrukturen etwa durch Förderrichtlinien zu bestimmen. Mit der Einführung des Subsidiaritätsprinzips im bundesweiten Kunstfördergesetz 1988 (novelliert 1997) wurde die Beziehung zwischen Bund und Land neu geregelt (Rögl 1998: 15). De facto trat damit die Erstzuständigkeit des Landes in den Vordergrund. Die Finanzierungslast und -verantwortung liegt somit größtenteils beim Land. Diese Situation schafft eine hohe Abhängigkeit der Förderbewerber von den Entscheidungen des Landes Tirol, auch, weil es an alternativen Finanzierungsmöglichkeiten für gemeinnützige Projekte mangelt. Über die Entwicklung von Kultursponsoring in Tirol konnte keine repräsentative Studie recherchiert werden.[8]

Abzug der intergovernmentalen Transfers lag der Anteil der Kulturausgaben am BIP für den Bund bei 0,26 %, für die Bundesländer bei 0,29 % und für die Gemeinden (ohne Wien) bei 0,22 %. In Summe entspricht das Pro-Kopf-Ausgaben von 273 Euro im Jahr 2011.« (www.statistik.at/web_de/statistiken/bildung_und_kultur/kultur/kulturfinanzierung/index.html).

8 Beispielhaft sollen hier genannt werden: Hans Peter Haselsteiner (1944) als Mäzen für das Großprojekt Festspiele Erl. Die Tiroler Versicherung widmet 39 Prozent ihrer Sponsorgelder der Kultur. Voraussetzung für die Förderung durch die Tiroler Versicherung »ist auf allen Ebenen eine Kundenbindung, der Bezug zu unserem Heimatland Tirol sowie seinen Traditionen – sei es über die Produzenten, die Darsteller und Künstler, die Thematik oder den Veranstaltungsort«. (www.hofherr.com/a/P8/hofherr/Blog/BlogContent?blogid=1555) Aktiv ist auch die Hypo Tirol Bank, die seit

Ebenso banal wie fundamental ist der Zusammenhang zwischen Finanzierung und dem daraus entstehenden Kunst- und Kulturbegriff: Kunst und Kultur sind auf pragmatischer Ebene das, was durch (öffentliche oder private) Finanzierungsstrukturen ermöglicht wird, weshalb auch die Frage nach dem dominanten System bedeutsam ist. In Österreich ist dies die Kulturpolitik bzw. die öffentliche Hand. Ein Epizentrum der allseitig verortbaren Dissonanz ist die Handhabe des Gegensatzpaares Gießkanne-Entwicklungsplanung. Aus großer Distanz gesehen – z.b. aus den USA – mutet eine breite staatliche Förderung von Kultur und Kunst geradezu paradiesisch an. Je näher man heranzoomt, desto sichtbarer werden die Risse und Konflikte, aber auch die Früchte, die staatliche Kulturförderung hervorbringen kann. Österreich als Land der Festspiele (einschließlich touristischen Potenzials) ist ebenso Ergebnis davon wie die Vielzahl an kleinen und mittelgroßen Kulturzentren und klein(st)en Kulturinitiativen. Die 1990 gegründete Interessengemeinschaft Kultur (IG Kultur) als bundesweiter Dachverband für gemeinnützige Kulturinitiativen verzeichnete Ende 2012 323 Mitgliedervereine, was allerdings nicht als repräsentative Zahl für österreichweit bestehende Kulturinitiativen gelten kann. So zählte allein die 1989 gegründete TKI – Tiroler Kulturinitiativen/IG Kultur Tirol Ende 2012 111 Mitglieder.

Die Kulturinitiativen entstanden öffentlich gefördert und sind Teil eines Systems, das dieser Förderung entspricht: Prestige existiert neben Experiment und Innovation. Es war dabei die »Gießkanne«, die dieses Nebeneinander ermöglicht hat, jenes in Österreich weitverbreitete Prinzip einer allgemeinen Umverteilung. Die schrittweise Entwicklung nach 1945 von einer autarken Kulturpolitik zu Kulturfördergesetzen

---

langen Jahren das Festival der Träume und den Tanzsommer Innsbruck ebenso unterstützt wie kleinere Initiativen. Einige Unternehmen wie Swarovski und Banken wie die RLB – Raiffeisen-Landesbank Tirol verlagern sich zunehmend darauf, selbst als Veranstalter in der Region initiativ zu sein.

und -richtlinien u.a. als Reaktion auf den Ruf »Kultur für alle« brachte in Österreich eine Neugestaltung der Angebotsstruktur mit sich. Während in Deutschland heute die Folgen der expandierenden Kulturpolitik diskutiert werden, wuchs in Österreich der privatrechtlich-gemeinnützige Sektor stärker als der öffentlich-rechtliche, ohne dass es aber eine entsprechende kulturpolitische Planung gegeben hätte. Dies führte längerfristig zur so genannten »Umverteilungsproblematik« staatlicher Zuwendung zwischen Einrichtungen des Bundes und privat-rechtlich-gemeinnützigen Trägerschaften (vgl. beispielhaft Zembylas/ Alton 2011).

Dass ein fundierter Kulturentwicklungsplan neue Perspektiven eröffnen kann, zeigt das Beispiel Linz, wo unter dem Motto »Von der Stahlstadt zur Kulturstadt« ein solcher Prozess im Jahre 2000 angestoßen wurde und als »Kulturentwicklungsplan neu« 2010 in eine zweite Phase ging. Schon vier Jahre zuvor, 1996, beauftragte der Linzer Gemeinderat das Archiv der Stadt Linz mit einer wissenschaftlichen Aufarbeitung der nationalsozialistischen Zeit inklusive der Jahre davor und danach (www.linz.at/geschichte/de/989.asp). Diese Aufarbeitung hat auch, und vielleicht besonders, für einen Kulturentwicklungsplan großen Wert, da keine gegenwärtige Planung ohne tiefere Kenntnisse über die jüngere Geschichte aufgehen kann. Der Kulturentwicklungsplan selbst wurde unter Miteinbeziehung der Bevölkerung, der Kulturtreibenden, der Interessengemeinschaften und der Universitäten in mehreren Schritten erarbeitet. Diese Herangehensweise ist in Österreich pionierhaft und wurde u.a. vom Bundesland Salzburg übernommen (vgl. Wimmer 2011: 150). In einem zweijährigen Prozess wurde der KEP evaluiert und eine Fortsetzung konzipiert. Die teilweise Gefährdung der freien Szene durch die Bautätigkeit im Zuge von KEP 1 wurde erkannt und die freie Szene daraufhin im KEP 2 verstärkt berücksichtigt.[9]

Kulturpolitische Aufgaben und Förderstrukturen werden in den letzten Jahren nicht nur bezüglich »Gießkanne« vs. Entwicklungsplanung heftig diskutiert: Mit der Erkenntnis der begrenzten Reichweite vieler Kulturbetriebe sowie der signifikanten Erweiterung des kulturellen Angebots durch Unternehmen, NGOs und Tourismus steht ein Paradigmenwechsel an. Michael Wimmer weist darauf hin, dass es einen Mangel an empirischen Daten und Forschungsdesign für die österreichische Kulturpolitik gibt. In der Evaluierung der Kulturförderung der Stadt Graz, welche von den Kulturstadträten Karl-Heinz Herper und Edmund Müller in Auftrag gegeben und von Univ. Prof. Dr. Tasos Zembylas und Dr. Juliane Alton durchgeführt worden war, stellen sich u.a. die Umverteilungsproblematik (Bindung des Großteils der Förderungen an öffentlich-rechtliche Einrichtungen, z.B. 95 Prozent des Etats für bildende Kunst an das Kunsthaus Graz) und das Prekariat dar (vgl. Zembylas/Alton 2011). Wie der Linzer KEP ist auch diese Studie ein Meilenstein zur Beziehungsanalyse zwischen Kulturpolitik und Kulturangebot in Österreich im Sinne einer Verbesserung der Angebotsstruktur.

Die Entwicklung der österreichischen Kulturpolitik im 20. Jahrhundert wurde 1998 in dem von der damaligen Kunstsektion des Bundeskanzleramtes (BKA) herausgegebenen Bericht »Kultur-Politik: Kulturverwaltung in Österreich« (Rögl 1998) zusammengefasst und in die unterschiedlichen kulturpolitischen Haltungen und Bestrebungen von 1934 bis 1997 eingebettet. Dieser Bericht liest sich als eine Art Kulturgeschichte; in groben Zügen werden die »Stationen« im Folgenden nach diesem Bericht des BKA sowie Marion Knapps Studie »Österreichische Kulturpolitik und das Bild der Kulturnation« (2005) wie-

---

9 Dr. Julius Stieber, Kulturdirektor der Stadt Linz, in einem Gespräch anlässlich einer Exkursion im Rahmen des Masterstudiengangs Sport-, Kultur und Veranstaltungsmanagement der FH Kufstein, 8.2.2013.

dergegeben, um in der Folge auf die Entwicklung der Tiroler Kulturpolitik und Angebotsstruktur zu kommen.

ÖSTERREICHISCHE KULTURPOLITIK IM GERAFFTEN ÜBERBLICK

Prinzipiell weist die österreichische Geschichte der Kulturpolitik ein
enges Verhältnis zwischen Kultur und Staat auf, ein Umstand, der historisch im Josephinismus und dem Metternich'schen Polizeistaat be-
gründet liegt. Unter Kaiser Joseph II. und Metternich wechselten die
Extreme von relativem Kulturliberalismus zu pedantischer Zensur,
wodurch Kunst und Kultur in beiden Fällen ein prioritärer Stellenwert
zugemessen wurde. Bis heute ist es der Staat, der als Betreiber großer
Kultureinrichtungen in Österreich fungiert. (Rögl 1998: 19) Nur während der Alleinregierung der SPÖ unter Bruno Kreisky (1970-1983)
entwickelte sich auf Basis eines erweiterten Kulturbegriffs in Wien eine breite kulturelle Organisation für Alltag und Freizeit, was in Anbetracht der vorangegangenen Jahrzehnte einer Revolution gleichkam
(ebd.: 12ff).

Von 1934 bis 1938 spricht man von einem katholisch-
reichsmythischen, autoritär-faschistoiden Ständestaat, in dem Identi-
tätspolitik mit Bezügen zur einstigen Großmachtstellung und zum
Habsburgermythos betrieben wurde, charakterisiert von Intellektuel-
lenfeindlichkeit, Antisemitismus, Agrarromantik und dem »Wasser-
kopf Wien« (vgl. Rögl 1998: 9). Diese Periode wirkte in der Kulturpolitik nach 1945 nach.[10] Nach 1945 stand die Repräsentationskultur

---

10 Die Jahre während des Nationalsozialismus werden in dieser Publikation
nicht ausgeführt, wohl aber der Hinweis gegeben, dass »teilweise ein und
dieselben Künstler von den Regimen 1934-38, 1938-45 und dann wieder
vom ›neuen‹ Österreich bis in die fünfziger Jahre hinein mit Preisen, Eh-
rungen und Förderungen bedacht« (Rögl 1998: 10) wurden.

(Bundestheater, Festspiele) im Vordergrund des Interesses, Zeitgenössisches wurde ignoriert und zum Teil diskriminiert bzw. boykottiert,
gepflegt wurden hingegen Unterhaltungsindustrie und Brauchtum.
(Ebd.: 10f)

Während die Unterhaltungsindustrie eine Form des Eskapismus
ermöglicht, die in einer Nachkriegsgesellschaft nicht nur nachvollzieh-
bar scheint, sondern auch ihren eigenen Wert haben kann, wird sie im
Verbund mit patriotischer Erziehung durch Brauchtum zu einer Parallelwelt, in der sich die Vorstellung von den Brock'schen Zivilisationsagenturen nur schwer umsetzen lässt. In »Kulturpolitik: Kulturverwaltung in Österreich« ist von einem »unpolitischen Kunst- und Kulturbegriff« die Rede, was in Anbetracht der Wirkung nicht als zutreffend
gesehen werden kann. Denn die Kulturindustrien und Kultureinrichtungen spielten in diesen Zusammenhängen eine substanzielle gesellschaftspolitische Rolle. So weiß man heute, dass der Erfolg der österreichischen Fernseh- und Kino-Unterhaltungsindustrie in den 1950er
Jahren auf den Hunger nach Ablenkung, Leichtigkeit und Glamour als
Folgewirkung des Krieges und der Erkenntnis um den stattgefundenen
Holocaust zurückgeführt werden kann. Retrospektiv werden aber die
romantisierenden Angebote à la »Der Förster vom Silberwald« (Regie:
Alfons Stummer, A 1954) hinsichtlich ihrer kollektiven Auswirkungen
kritisch beleuchtet und hinterfragt. Ihr Wohlfühl-Image trug wesentlich
zur offiziellen und allgemeinen Meinung bei, Österreich sei das »erste
Opfer« Hitlerdeutschlands gewesen. Als Helmut Qualtinger in der Figur des »Herrn Karl« (1961) heftig an die Nazitümelei in der österreichischen Gesellschaft rührte, wurde er als »Nestbeschmutzer« bezeichnet und ausgegrenzt. Heute erst erkennt man, dass diese Gewich-
tung, der die Kulturpolitik nicht entgegenwirkte und in der die künstlerische und wissenschaftliche Avantgarde zugunsten von Hoch- und
Brauchtumskultur in den Hintergrund gedrängt worden war (Rögl
1998: 10f), verhängnisvolle Auswirkungen hatte. Erst die »Radikalisie-
rung«, die Selbstbefragung und Befreiungsintention ab den 1960er Jahren, machte Avantgarde zu einem politischen Faktor, der auch die Kulturpolitik erreichte. (Ebd.)

Ab den 1970er Jahren griff ein erweiterter Kulturbegriff als »Variante der Sozialpolitik«, zahlenmäßig abzulesen an einer Versiebenfachung der Ausgaben. 1972 begann die jährliche Publikation der Kunstberichte.[11] 1975 wurde ein »Kulturpolitischer Maßnahmenkatalog« erstellt, dem eine Befragung über das Kulturverhalten der Österreicher vorausgegangen war. Diese zeigte, dass es eine »kulturelle Unterversorgung« und ein »mangelndes Kulturbewusstsein« gab. Man setzte daraufhin auf verstärktes Marketing einerseits und Bildungs- und Vermittlungsprogramme andererseits. Angestrebt wurde außerdem eine Demokratisierung bei Entscheidungen über Förderanträge, indem Beiräte, Jurys, Kommissionen und Kuratoren installiert wurden. Ab den 1980er Jahren kam es zu einem vermehrten Interesse an Festivals, eine Modernisierung wurde angestrebt. (Ebd.: 12f)

1982 wurde die »Freiheit der Kunst« als Verfassungsgrundsatz deklariert. Während der Großen Koalition kam es 1987 zu einer Regierungserklärung, in der erstmals eine »verstärkte Partnerschaft zwischen Kunst, Staat und Wirtschaft« gefordert wurde, Sponsoring sollte besonders bei Großveranstaltungen und teilrechtsfähigen Museen verstärkt werden, die betriebswirtschaftliche Führung sollte effizienter werden. (Ebd.: 15f) Diesen Absichten folgten kaum Taten, etwa in Form von Absetzbarkeit von Kultursponsoring für Unternehmen oder gemeinnützigkeitsfreundlichen Gesetzen für Stiftungen. 1988 wurde das Kunstfördergesetz erlassen (novelliert 1997), welches Mittel für

---

11 »Der erste Kunstbericht an den österreichischen Nationalrat erging für den Berichtszeitraum 1970/71. Seither erschien der Kunstbericht jährlich und wurde über die Jahre umfangreicher und detaillierter. Seit 1988 legt der § 10 des Bundes-Kunstförderungsgesetzes fest, ›dem Nationalrat im Wege der Bundesregierung einen jährlichen Bericht über die Tätigkeit des Bundes auf dem Gebiet der Kunstförderung vorzulegen‹. Im wesentlichen versteht sich aber der Kunstbericht als eine Zusammenfassung aller Förderungsmaßnahmen und -ausgaben im jeweiligen Berichtszeitraum.« (www.bmukk.gv.at/kunst/bm/kunstberichte.xml).

die öffentliche Förderung von Kunst vorsah und die soziale Lage der Kunstschaffenden sowie die Rahmenbedingungen für die private Förderung verbessern sollte. (Ebd.)

Die Regierungserklärung 1990 enthält ein Bekenntnis zur vermehrten Förderung von Zeitgenössischem sowie zur Schaffung von Bedingungen, »in denen sich die Autonomie der Kunst entfalten kann« (ebd.: 16). Kulturinitiativen sollten als eigener Fördersektor entstehen, eine Maßnahme, die 1992 umgesetzt wurde, um die soziokulturelle, experimentelle und innovative Kunst zu stärken (ebd.). Statt von »Subventionierung« sollte von »Finanzierung« gesprochen werden. Man sprach sich explizit für eine Parteinahme für »unkonventionelle[s], auch Unruhe stiftende[s] Kunstschaffen« (ebd.) aus. 1993 begründete Rudolf Scholten in seiner Funktion als Kulturminister das Kuratorenmodell: Vom Minister auf jeweils zwei Jahre bestellte Kuratoren für bildende Kunst und zeitgenössische Musik sollten die Kunstförderung des Bundes nicht nur passiv auf Antrag, sondern auch aktiv durch offensive Schritte gestalten (ebd.: 18f). Seit 1994 wird neben dem Kunstbericht jährlich ein Kulturbericht erstellt, in dem »ein Überblick über die aktuellen Entwicklungen in den Bereichen Bundesmuseen, Bundestheater, Denkmalschutz und in anderen bedeutenden kulturellen Institutionen in Österreich« (www.bmukk.gv.at/kultur/bm/Kultur_Kulturbericht_1991 738.xml) erfolgt.

Während der Regierungszeit von ÖVP und FPÖ bzw. BZÖ (Kleine Koalition 2000-2005) war Kulturpolitik kein Schwerpunkt des Regierungsprogrammes. Tendenziell wurde das kulturelle Erbe betont, zeitgenössische Kunst fand keine Erwähnung im Regierungsprogramm. Die FPÖ verstand die politische Auseinandersetzung als Teil der Kultur und kritisierte das Stipendienprogramm für Kunstschaffende als »Staatskünstlertum« mit ideologischer Vereinnahmung. Kunst wurde als Privatsache deklariert, eine Kürzung der Subventionen bei gleichzeitigem Aufleben von Mäzenatentum angestrebt, eine europäische Perspektive nicht berücksichtigt. Die Modelle der Beiräte wurden schrittweise aufgehoben, das Kuratorenmodell eingestellt, ohne die Evaluierung abzuwarten. Unterstützt wurde die Kreativindustrie. Die

Sprache wurde von der FPÖ zur »wichtigste[n] Trägerin des kulturellen Ausdrucks« erhoben. (Knapp 2005: 279)

In dieser verknappten Wiedergabe zeigt sich der hohe ideologische Gehalt von Kulturpolitik zwischen Identitätsangebot, Imageerwerb und Gesellschaftspolitik.[12] Es zeigt sich aber auch, dass der Kulturbegriff als modellierbares Objekt besonders dort zu Diskursspannungen führt, wo Brauchtum und Zeitgenössisches, »Eigenes« und »Fremdes« aufeinanderprallen. Brauchtum und Zeitgenössisches wurden und werden vor, während und nach dem Nationalsozialismus zu Instrumenten politischer Gestaltung zwischen Tradition und Moderne. »Eigenes« und »Fremdes« wurde gerade in Tirol in identitätsstiftenden und touristischen Zusammenhängen zum Teil polarisierend thematisiert. Der symbolische Gehalt dieser Debatten ist historisch gewachsen und findet in der Peripherie intensiver statt als in Wien, wo eine offene, moderne Szene vorherrscht. Was Wien und Tirol aber eint, ist die fehlende Sichtbarmachung der jüngeren Geschichte über Kunst und Kultur, wie sie in deutschen Städten, besonders in Berlin, stattfindet.[13]

Festspiele und Großveranstaltungen bilden nach dem LIKUS-System (»Länderinitiative Kulturstatistik«)[14] des offiziellen Kunstberichtes und

---

12 Monika Mokre und Michael Wimmer analysieren das Feld der Kulturpolitik als Aufgabe der Demokratie und rühren damit an Grundsatzfragen (vgl. Mokre 2005, Wimmer 2011). Deutlicher auf diese Zusammenhänge einzugehen würde den Rahmen dieser Publikation sprengen.

13 Die Sichtbarmachung der nationalsozialistischen Vergangenheit in Berlin ist in ihrer Vielfalt beeindruckend und steht ganz im Zeichen einer progressiven Nutzung des öffentlichen Raums und der »Verräumlichung« im Sinne der Mnemotechnik (vgl. Fußnote 21, S. 59).

14 Das LIKUS-System wurde Mitte der 1990er Jahre eingeführt und »speziell im Hinblick auf die Erfordernisse der Kulturberichterstattung in einem föderalistischen System entwickelt [...]. Im Zentrum des LIKUS-Ansatzes

der Statistik Austria einen eigenen Bereich. Gefördert wurden sie im Jahre 2011

»mit € 11,99 Mio. bzw. 14,1 % des gesamten Kunstbudgets. Der Großteil der Aufwendungen dieser LIKUS-Gruppe mit fast € 10,65 Mio. bzw. 88,8 % wurde von der Abteilung 2 (Musik und darstellende Kunst) geleistet. Die international und historisch bedeutendsten österreichischen Festivals sind die Salzburger und die Bregenzer Festspiele. […] Die zwei größten Filmveranstaltungen Österreichs, die Festivals Viennale und Diagonale, fallen in die Kompetenz der Abteilung 3. Insgesamt trug sie zu dieser LIKUS-Gruppe € 0,48 Mio. bzw. knapp 4 % bei. […] Die Abteilung 7 hat mit ca. € 0,74 Mio. bzw. 6,15 % den zweitgrößten Anteil an dieser LIKUS-Gruppe. Sie ist seit ihrer Gründung sowohl um die Entwicklung authentischer und innovativer Kultur in den Regionen und deren öffentliche Bewusstmachung als auch um die Einspielung neuer internationaler Tendenzen in diese heimischen Biotope bemüht. Das Paradeprojekt regionaler Kulturproduktion und -entwicklung ist das Festival der Regionen, das biennal in Oberösterreich stattfindet.« (Bundesministerium für Unterricht, Kunst und Kultur 2011: 62ff)

In Tirol werden die Festivals Outreach (6000), Klangspuren Schwaz (110.000), Sprachsalz (20.000), die Tiroler Volkschauspiele Telfs (90.000 Euro), die Innsbrucker Festwochen der Alten Musik (330.000),

---

[…] steht ein spartenbezogener Raster, der kulturpolitisch relevante Felder auf nachvollziehbare Weise abgrenzt und dadurch die Zurechnung von Ausgabenpositionen aller Ebenen der öffentlichen Verwaltung unter dem Titel ›Kulturfinanzierung‹ ermöglicht – unabhängig von den besonderen Praktiken der Kulturförderung oder Unterschieden in legistischen und administrativen Normierungen. Der zugrunde liegende breite Kulturbegriff geht konform mit international gebräuchlichen Konzepten wie dem UNESCO Framework for Cultural Statistics oder den von EUROSTAT und Europarat vertretenen Schemata.« (www.statistik.at/web_de/statis tiken/bildung_und_kultur/kultur/kulturfinanzierung/021557.html).

die Tiroler Festspiel Erl (338.000) aus diesem Etat gefördert. Zahlreiche andere festivaleske Veranstaltungen beziehen Einzel- oder Projekt-
förderungen.

ENTWICKLUNG VON KULTURPOLITIK UND ANGEBOTSSTRUKTUR IN TIROL AB 1945

Tirol war nach Vorarlberg das zweite österreichische Bundesland, das
ein Kulturfördergesetz erließ. Dieses trat 1979 in Kraft. Doch schon
zuvor unterstützten und initiierten Vertreter der Gebietskörperschaften
aufsehenerregende Veranstaltungen: 1950 gründete Arthur Haidl
(1910-1979) die Österreichischen Jugendkulturwochen (bis 1969) und
unterstützte sie in seiner Funktion als Leiter des Landesjugendreferats.
Verlauf und Ende der Veranstaltungen spiegeln zentrale Aspekte der
Tiroler Kultur-, Kulturpolitik- und Veranstaltungsgeschichte wider
(s.u.). 1952 initiierte der Maler Paul Flora (1922-2009) mit tatkräftiger
Unterstützung des damaligen Kulturamtsleiters Gottfried Hohenauer
(1894-1977) den Österreichischen Graphikwettbewerb, der bis heute
besteht. 1963 gründete der Musiker Otto Ulf (1907-1993) die
Ambraser Schlosskonzerte, welche sich als eine der ersten Musikver-
anstaltungen in Europa der historischen Aufführungspraxis widmeten
und aus denen die Innsbrucker Festwochen der Alten Musik erwuchsen
(Costa o.J.: 84, Lewinski o.J.: 86). Alle drei Initiativen sind in die Nar-
rative von ästhetischer Erfahrung und theoretischer Reflexion eingebettet und geben zugleich in ihren jeweiligen gesellschafts- und kulturpolitischen Hintergründen Einblicke in die Beschaffenheit der kulturellen
Potenziale, aber auch der massiven Konflikte im Tirol der Nachkriegszeit. Neben diesen pionierhaften Großprojekten kam es ab den 1960er
und 1970er Jahren zu zahlreichen Gründungen von privatrechtlich-
gemeinnützigen Kultureinrichtungen unterschiedlichster Ausrichtung
als Folge der europaweiten tief greifenden Umwälzungen in den späten
1960er Jahren und geprägt vom Ruf nach »Kultur für alle« des deutschen Kulturdezernenten Hilmar Hoffmann 1979 (s.u.). Die Kulturver-

anstaltungslandschaft begann sich in Tirol ab Ende der 1980er Jahre neu auszubilden und stellt heute ein heterogenes Mosaik zwischen Tradition, Touristenattraktion, Experiment und Neuerung dar. Zu Beginn der 1980er Jahre bewirkte der Auftakt der heute als Tiroler Volksschauspiele Telfs bekannten Veranstaltung eine Art Katharsis für das, was in der Folge als Tiroler Dichotomie bezeichnet wird: eine scheinbare Unvereinbarkeit von Tradition und Moderne; man könnte zumindest bis in die 1990er Jahre von Unversöhnlichkeit sprechen.

Irmgard Plattner unterteilt die kulturelle Dynamik ab 1945 in die drei Bereiche »Tradition«, »Aufbruch« und »Konflikte« (Plattner 1999). Diese leitmotivische Struktur folgt der Synthese des

»Gegensatzes von ›Alt‹ und ›Neu‹, von Normerhalt und Normdurchbrechung, von Verfestigung und Aufbruch, Abschottung und Öffnung. […] In Tirol gab es nach dem Zweiten Weltkrieg ein fest verankertes Fundament kultureller Identitäten, welches auf traditionellen und historisch gewachsenen Werten gründete. Katholizismus, Konservativismus, Patriotismus und Heimatverbundenheit waren Eckpfeiler eines Wertekanons, der sich im Vereinswesen und in der Feststruktur, in der Volks- sowie Hochkultur manifestierte.« (Plattner 1999: 223)

Vor diesem Hintergrund gewannen Initiativen abseits von Hoch- und Volkskultur nicht nur einen besonderen Stellenwert für die gesamttirolerische Entwicklung. Sie erzeugten eine Dynamik von Polarität und Widerstand. Dieser Konflikt legte das bestimmende Narrativ der Tiroler Kulturveranstaltungslandschaft besonders in den ersten beiden Jahrzehnten der Nachkriegszeit fest. Sozialpolitisch geprägte erweiterte Kulturbegriffe und ihre Umsetzung spielten und spielen in Tirol keine mit der Wiener Entwicklung vergleichbare Rolle. In Tirol bestimmen seit 1945 die ÖVP und Parteien, die sich von der ÖVP abgespalten haben, als stimmenstärksten Parteien in diversen Koalitionen, die Agrarkultur hat eine prägende, gewachsene und geförderte Rolle inne. So stand laut Plattner auch in den Jahren nach 1945 die Volkskultur im Zentrum der Kulturpolitik.

Barry und Gail Dexter Lord nennen als eine paradigmatische Rahmenbedingung für tief greifende Kulturveränderungen die Jahre vor und nach einer Revolution, weil sich in diesen Zeiträumen die Zugänge zum Überschuss neu ordnen (Lord 2010: 100f). Nun hat Österreich keine Revolution vollbracht, um sich vom Nationalsozialismus zu befreien, es wurde befreit. Zugänge jeglicher Art wurden zuerst von den Besatzungsmächten geregelt und waren nicht das Ergebnis einer Revolte oder einer anderen sichtbaren innergesellschaftlich ausgetragenen Auseinandersetzung gegen den Nationalsozialismus. Stilistisch und ideologisch war das nationalsozialistische Österreich – und mit ihm Tirol – nicht auf seine offiziellen Daten beschränkt: Sowohl die breite Akzeptanz des »Anschlusses« bei der österreichischen und Tiroler Bevölkerung als auch die Sublimierung von Brauchtum und Volkskultur in der Kunst vor 1938 führten nach 1945 in mehrfacher Hinsicht zu einer komplexen Situation.[15] Die kulturpolitische Konzentration auf die

---

15 Bereits in den frühen 1930er Jahren drückten die Filme von Luis Trenker und Leni Riefenstahl eine Sublimierung von Volkskultur aus, z.B. »Das blaue Licht« (1932, Leni Riefenstahl) sowie Trenkers »Der verlorene Sohn« (1934). Auch in den Bereichen der bildenden Kunst und Musik gab es die Tendenz, moderne Stilströmungen zugunsten der heimatlichen Tradition abzulehnen (vgl. Gurschler 2012: 44ff). Die dadurch entstandene Nähe zu den Nationalsozialisten von Kunst und Kunstschaffenden sowie deren Auswirkungen auf die kulturelle Formierung nach 1945 sind nach wie vor Forschungsdesiderate. Unter der Leitung des Musikwissenschaftlers Manfred Schneider führt die Arbeitsgemeinschaft Tiroler Komponisten seit 2012 ein Forschungsprojekt zur NS-Zeit durch. Anlass für dieses Projekt war die öffentliche Debatte um die CD-Publikation des Komponisten Josef Eduard Ploner (1894-1955) von Manfred Schneider, weil im Begleitmaterial Ploners nationalsozialistische Gesinnung nicht thematisiert worden war (vgl. http://tirol.orf.at/news/stories/2536035).

Volkskultur in den Nachkriegsjahren impliziert einen Teil dieser Komplexität – wie sollte die Trennung zwischen einer nicht nationalsozialistisch aufgeladenen Volkskultur und einem Identitätsangebot des Wiederaufbaus und der Neuorientierung in der Tiroler Tradition sicht- und erlebbar werden?

Von den Nachkriegsjahren bis zum Beginn der 1980er Jahre: im Zeichen der Tiroler Dichotomie

1947 wurde der in Kunst und Philosophie bewanderte Jurist Gottfried Hohenauer zum ersten Kulturamtsleiter des Landes Tirol nach Kriegsende berufen. Für das Tiroler Brauchtum wurde ein eigenes Referat gegründet, dem Josef Schumacher (1894-1971) vorstand und dessen wichtigste Säulen die Blasmusikkapellen, das Schützenwesen und die Volksbühnen waren. (Vgl. Plattner 1999: 225ff) 1946 wurde als Teil einer bundesweiten, von den Besatzern geforderten Umerziehungsstrategie bei den Jugendlichen ein Landesjugendreferat für »außerschulische Jugenderziehung« eingerichtet, der Musiker und Volksschullehrer Arthur Haidl zum Referatsleiter in Tirol ernannt. (Riccabona 2006: 11) Hohenauer und Haidl waren die maßgeblichen politischen Akteure für den Österreichischen Graphikwettbewerb und die Österreichischen Jugendkulturwochen. Die Idee zu den Österreichischen Jugendkulturwochen wurde von Hohenauer begrüßt und unterstützt. Dass es sich bei der »außerschulischen Jugenderziehung« um ein Entnazifizierungsprogramm handelte, wird bei Andreas Hohenauer und Irmgard Plattner nicht explizit erwähnt. Auch bei Riccabona findet sich zwar der Zusammenhang, aber nicht der Begriff, was auf die Schwierigkeit zurückzuführen sein mag, die Übergangszeit vom besetzten zum souveränen Österreich genau festzulegen bzw. Entnazifizierung als mentale oder in Daten gegossene Angelegenheit zu verstehen.[16]

---

16 Die Entnazifizierung in Tirol wurde von Wilfried Beimrohr im Band »Entnazifizierung im Vergleich« auf den öffentlichen Diskurs und die Privat-

Zugleich spiegelt sich in der Person Gottfried Hohenauers die Komplexität der Nachkriegszeit, des kulturellen bzw. kulturbetrieblichen Wiederaufbaus wider: Während seine zahlreichen Leistungen für diesen Wiederaufbau im Tirol der Nachkriegsjahre von Zeitzeugen wie Othmar Costa gewürdigt wurden (vgl. Costa 1994), so war auch bekannt, dass er Mitglied der nationalsozialistischen Kulturverwaltung gewesen war, u.a. von 1940 bis 1944 im Reichserziehungsministerium in Berlin.[17] Neben seiner Initiative für den Graphikwettbewerb und die

wirtschaft hin untersucht (Beimrohr 2004: 97). Stefan Gallup schildert in seiner Geschichte der Salzburger Festspiele die Problematik in der Vorgehensweise der Entnazifizierung im Kunst- und Kulturbetrieb: Zwischen Gesinnungsüberzeugung und opportunistischer Parteizugehörigkeit lässt sich kaum differenzieren. »Die Probleme waren komplex: Es war eine Sache, einen Keitel, Streicher oder Goering zu richten; es war aber eine ganz andere, zu einem eindeutigen Urteil über die Rolle eines Sängers, Musikers oder Schauspielers zu kommen. Paula Wessely zum Beispiel war von Max Reinhardt [...] entdeckt worden und hatte nie öffentlich oder privat geleugnet, wie sehr sie ihm verpflichtet war. Andererseits aber hatte sie nach dem Einmarsch der Deutschen im März 1938 ihre Mitbürger dazu gedrängt, für den Anschluß zu stimmen. [...].« (Gallup 1989: 180f).

17 »Von 1920-1940 organisierte er als Referent im Unterrichtsministerium die Kunstausstellungen Österreichs im Ausland. Ab 1932 war er Kunstreferent im Unterrichtsministerium und von 1940-44 Referent im Reichserziehungsministerium Berlin (Museen und Schlösserverwaltung). 1945 kehrte er nach Tirol zurück. Von 1945-47 widmete er sich der schriftstellerischen Arbeit und Studien« (Hohenauer 1994: 11), so seine Biografie. Die »dauerhafte Pensionierung« endete 1947, rehabilitiert wurde Hohenauer 1958 (Hohenauer 1994: 14). Hohenauer war für den österreichischen Pavillon mitverantwortlich, der bei der Biennale 1934 eröffnet wurde. Die Einrichtung eines Österreichpavillons war seit 1907 diskutiert worden, nun stellte die Regierung Dollfuß »staatliche Sondermittel« zur Verfügung (vgl. Fleck 2012: 100ff). Die Biennale 1934 ging u.a. durch den Auftritt Hitlers in die

Jugendkulturwochen gründete Hohenauer die »Kulturberichte aus Tirol« Jahrzehnte vor der bundesweiten Einführung dieser Berichte sowie die Literaturzeitschrift »Wort im Gebirge« (gem. mit Josef Leitgeb). Er förderte den Bau des Tiroler Kunstpavillons als Ausstellungsstätte für die 1945 neu konstituierte Tiroler Künstlerschaft. 1951 wurde der Pavillon mit einer Schau zu Alfred Kubin eröffnet.

Grundsätzlich stellten sich für den Kulturbetrieb mit Kriegsende die Fragen nach der Entnazifizierung, nach der Rehabilitierung der Moderne und nach den Mitteln von Produktions- und Initiierungsmöglichkeiten für den künstlerischen Nachwuchs. Für die Tiroler Dichotomie waren folgende Faktoren formgebend: a) die Einflüsse von außen, welche Internationalisierung und »Umerziehung« vorantrieben, b) der Aufbruch inner- und außerhalb der kulturpolitischen Tätigkeit und c) die kulturpolitische Konzentration auf die Volkskultur. Diese Faktoren griffen zeitgleich ineinander, erst nach und nach äußerte sich die innewohnende Dynamik in öffentlichen Skandalen und dem Überleben oder Untergehen von Kulturveranstaltungen.

Ad a) Parallelwelt Alpbach und das Engagement des Französischen Kulturinstituts

Jene, die die Nachkriegsgeschichte der Tiroler Kunst- und Kulturlandschaft beforscht haben, verweisen darauf, dass es geradezu überraschend anmutet, mit welch progressivem Impetus der Ruf nach Weltoffenheit und Neuorientierung nach Kriegsende laut wurde. »Innsbruck nach 1945 war ein Phänomen in der Entfaltung weltoffenen Kunstgeschehens«, schreibt etwa die Literaturwissenschaftlerin Christine Riccabona (Riccabona 2006: 9). Dies teilte sich nicht ausschließlich,

---

Geschichte ein, aber auch wegen der Erweiterung des Angebots durch Design und Fotografie und den Rekord von 361.917 Besuchern (ebd.). Der österreichische Pavillon beeindruckte laut Fleck besonders durch die Architektur von Josef Hoffmann (1870-1956), Mitbegründer der Wiener Secession.

aber auch über die Gründung überregionaler, internationaler Veranstaltungen mit. Zu nennen ist hier neben den Initiativen des Französischen Kulturinstituts (s.u.) besonders das heute als Europäisches Forum Alpbach (EFA) bekannte Intellektuellentreffen als Randerscheinung von genuin künstlerisch-kulturellen Veranstaltungen. Ursprünglich aus dem Streben erwachsen, die Wissenschaftswelt nach dem Nationalsozialismus wieder an einem bildungsbürgerlichen Ideal auszurichten, wurde schließlich der Diskurs um Europa als kulturelle Friedenseinheit auch auf kultureller Basis zum wesensbestimmenden Element. Durch diese Zielsetzung waren Konzept, Finanzierung und Akzeptanz nie von den Rahmenbedingungen der Peripherie abhängig, aber auch nie an ihnen ausgerichtet. Bereits von August bis September 1945 fanden die Internationalen Hochschulwochen statt, mit einem klaren Bekenntnis zu neuen methodischen Ansätzen, zur Positionierung der Wissenschaft und zur weltanschaulichen Orientierung in Rückgriff auf die bildungsbürgerliche Tradition (vgl. Plattner 1999: 255). Gründer waren Simon Moser, damals Dozent der Philosophie an der Universität Innsbruck, sowie der aus Wien stammende Widerstandskämpfer Otto Molden (1918-2002). Molden und Moser verfolgten dabei unterschiedliche Visionen und das Jahr 1949 ging als »Zäsurjahr« in die Geschichte dieser wissenschaftlich-interdisziplinären Veranstaltung ein. Molden setzte sich mit seinem Ansatz gegenüber Moser durch, das Treffen in Alpbach als Plattform für junge Europäer aus *allen* intellektuellen Bereichen einschließlich der Kunst zu etablieren und diskursstiftend im Sinne eines kriegsfreien Europa zu wirken. Moser hingegen hatte für eine Konzentration auf universitär-wissenschaftliche Profilsetzung plädiert. Seit 1949 findet die Veranstaltung unter dem Namen Europäisches Forum Alpbach statt, zu den Rednern in den vergangenen Jahrzehnten zählten Theodor W. Adorno, Paul Feyerabend, Viktor Frankl, Niklas Luhmann u.v.a.[18] Neben Philo-

---

18 Denis de Rougemont, der wie Molden eine kulturelle Einigung Europas anstrebte, hielt 1974 anlässlich des 30-jährigen Jubiläums den Vortrag »Drei-

sophen, Soziologen und Wirtschaftswissenschaftlern waren und sind auch Literaten, Literatinnen und Musiker aktiv am EFA beteiligt, u.a. H.C. Artmann, Barbara Frischmuth und Ernst Krenek. Die »Alpbacher Elegie« – ein den freien Intellekt anmahnendes Gedicht – wurde von der Dichterin und Verfasserin der Bundeshymne Paula von Preradović verfasst.

Lässt sich ein elitär-intellektueller Gedankenaustausch besonders in den Jahrzehnten des Wiederaufbaus und der Neuorientierung als sinnhafte »Arbeitsteilung« innerhalb der und für die Gesellschaft interpretieren, so erkannte man zunehmend die diskursive »Abschottung nach unten« (Plattner 1999: 258). Dem trat man durch die Gründung einer Sommerakademie (1992) und Stipendienvergaben zur Unterstützung der Europa-Gestalter von morgen entgegen. (Ebd.) Diese Initiativen unterstützen die Einbindung der nachfolgenden Generationen, die regionale Wirkungsorientierung des EFA kann hingegen dem Profil der Veranstaltung entsprechend keine Zielsetzung sein.[19] Ähnlich wie bei den Filmfestspielen in Cannes wird die landschaftliche Attraktivität eines Ortes genützt, ohne dass es eine thematische Verbindung zwischen Austragungsort und Veranstaltung gäbe. Bis heute ist das EFA die einzige in Tirol stattfindende Veranstaltung mit dieser Charakteristik. Neben dem EFA kamen aber auch früh Impulse durch die französischen Besatzer, die jene »Weltoffenheit« (Riccabona) im Kulturgeschehen förderten.

Die hierfür zentralen Initiativen gehen zurück auf Maurice Besset (1921-2008), ab Juli 1946 Leiter des Französischen Kulturinstituts, und

---

ßig Jahre kulturelle Entwicklung in Europa – Vorschläge zu einer europäischen Kulturpolitik«. Darin bekräftigte er die Bedeutung föderaler Strukturen für ein geeintes Europa und kritisierte zugleich die antieuropäische Haltung der »drei großen Denkschulen, die seit dreißig Jahren die kulturelle Szene beherrschen«: die Existentialphilosophie, der Strukturalismus und die Frankfurter Schule (de Rougemont 1975: 80ff).

19 Der gemeinnützige Trägerverein hat seinen Sitz in Wien.

seine Mitarbeiterin, die Schriftstellerin Lilly von Sauter (1913-1972).
Sie bewirkten die ersten Internationalisierungsprozesse nach Kriegsende und förderten zugleich den Austausch der heimischen Intellektuellen und Kunstschaffenden untereinander: In hochkarätigen Ausstellungen der französischen Moderne wurden u.a. von den Nazis diffamierte
Kunstwerke in Innsbruck präsentiert, zugleich sah das Kulturpro-
gramm »Stipendien, Studienreisen und gemeinsame Lager« vor sowie
die Einrichtung einer Bibliothek, die zum Treffpunkt der »Tiroler In-
telligenz« wurde (Plattner 1999: 252f). Die Arbeit von Besset und Sauter hob auf diplomatische und inspirierte Art die Tiroler Dichotomie
zwischen Tradition und Moderne auf und gab dem Wunsch nach Weltoffenheit Nahrung und eine Basis.

Zu den ältesten Kulturveranstaltungen in Tirol zählen die Serenaden-
konzerte in Schwaz, welche seit 1948 existieren und aus denen die
Schwazer Sommerkonzerte hervorgingen. Seit 1951 finden die
Schlossbergspiele Rattenberg im Bezirk Kufstein statt: Jährlich präsentiert ein Laienensemble in der Inszenierung eines wechselnden professionellen Regisseurs ein Volksstück auf dem zur Freilichtbühne um-
funktionierten Schloss Rattenberg. Diese Symbiose aus Laien- und
professioneller Kultur, aber auch die Auswahl aus traditionellen und
neuen, kritischen Heimatstücken besitzt im Tiroler Kontext etwas Einzigartiges: Volkstümlich *und* intellektuell geprägte Kultur sind Pole,
die in Tirol konfliktreich aufeinanderprallen, was auch an der Veranstaltungsgeschichte ablesbar ist. – Eine weit in die Geschichte zurück-
reichende Form der Laienfestspiele wurde 1959 wiederbelebt: Die Passionsspiele Erl und Thiersee, deren Tradition bis in die Jahre 1633
bzw. 1799 zurückreicht.[20]

---

20 Passionsspiele als religiöse Laien-Festspiele stellen ein eigenes Genre mit
   eigenen Gesetzmäßigkeiten dar, weshalb sie hier nicht näher berücksichtigt
   werden. Dennoch sei darauf verwiesen, dass auch dieses Format sich zunehmend vernetzt und institutionalisiert. 1982/1984 gründete sich der

Jene Veranstaltungen, die in den Nachkriegsjahrzehnten aber bestimmend waren, der Österreichische Graphikwettbewerb (seit 1952) und besonders die Österreichischen Jugendkulturwochen (1950-1969), entwickelten sich im Unterschied zum EFA ganz unter den Rahmenbedingungen einer traditionsbewussten Peripherie. Sie waren dabei paradigmatisch für einen neuen initiatorischen Willen, ambitionierte »Zivilisationsagenturen« einzurichten.

Ad b) Umerziehung, Loslösung, Nachwuchsförderung. Und doch Festwochen

Der Graphikwettbewerb war eine Idee von Paul Flora, die Gottfried Hohenauer aufgriff und umsetzte: Ein Wettbewerb mit Juryurteilen und gut dotierten Preisen sollte Innovation ermöglichen (vgl. Plattner 1999: 260) und selbst innovativ sein. Dieser produzierende Charakter löste zu Beginn Euphorie aus. Rasch jedoch traten auch die Schattenseiten zutage, die ein Wettbewerb mit sich bringen kann: Anstatt den Wirkungsradius zu erhöhen und eine Vernetzung zu ermöglichen, geriet die Initiative zunehmend zu einer lokalen Nachwuchsförderung, die ein »tendenziös geprägtes Bild einer Jury« wiedergab (Plattner unter Berufung auf Gert Amann 1999: 261). Die entstehende Sammlung – gedacht als reizvoller Nebeneffekt des Wettbewerbs – ließ den gewünschten überregionalen repräsentativen Charakter vermissen. (Ebd.) Seit 1959 findet der Österreichische Graphikwettbewerb biennal statt, der Austragungsort wechselte vom Kunstpavillon ins Tiroler Landesmuseum Ferdinandeum und schließlich in die vom Land Tirol betriebene Galerie im Taxispalais. Die Ausschreibung wendet sich mittlerweile an österreichische sowie Südtiroler Kunstschaffende, die Jury wird international besetzt, die Organisation obliegt der Kulturabteilung des Landes Tirol. 2013 findet der Graphikwettbewerb zum 33. Mal statt, die prämierten und angekauften Werke werden in

---

Dachverband Europassion, der 2013 im Rahmen des 500-jährigen Jubiläums der Passionsspiele Erl in dem Tiroler Grenzort tagte.

Innsbruck, Bozen und Klagenfurt ausgestellt. Wettbewerb, Preisverleihung und Ausstellung ergeben dabei in dieser praktizierten Form keine künstlerisch-kulturelle Veranstaltung nach festivalesken Merkmalen. Als Wettbewerbsinitiative kann der Graphikwettbewerb die Förderung der künstlerischen Produktion zwar unterstützen, aber wenig zur öffentlichen Diskursbildung beitragen und kaum Aufmerksamkeitsdichte herstellen.

Kultstatus genießen laut Plattner die Österreichischen Jugendkulturwochen (1950-1969). 2006 veröffentlichten die Literaturwissenschaftlerin Christine Riccabona, die Literatin Erika Wimmer und die Musikwissenschaftlerin Milena Meller eine minutiöse Aufarbeitung dieser ab den 1960er Jahren äußerst ambitionierten Veranstaltung und gaben darin auch die einzelnen Programme und die konzeptuellen Veränderungen wieder. Paul Hindemith, Ingeborg Bachmann, Ilse Aichinger, Ernst Jandl, Elfriede Jelinek, Christian Ludwig Attersee, Ernst Caramelle und Thomas Bernhard sind nur einige repräsentative Namen auf der Liste der Gäste und Mitwirkenden. Trotz dieses augenscheinlichen Glanzes endeten die Jugendkulturwochen nach der als »Skandaljahr« bezeichneten letzten Veranstaltung 1969 abrupt durch die Absage wenige Wochen vor Beginn der 21. Edition durch Landeskulturrat Fritz Prior. Plattner verweist darauf, dass der retrospektive Blick den Kultstatus nur bedingt rechtfertigt. Sie sieht die Gründungsmotive im »Utilitaritätsgedanken und dem staatspolitischen Auftrag gegenüber der Kultur« und leitet aus den Programmpunkten der ersten fünf Veranstaltungen ab, dass »die kulturpolitische Orientierung der Jugendkulturwochen […] eine konventionell heimatbezogene, traditionelle, patriotische und katholische mit edukativen Zielvorgaben [war]«. (Plattner 1999: 263) Da es sich um eine (Um-)Erziehungsmaßnahme (s.o.) handelte, ist es auch nicht verwunderlich, dass »von rebellischer Avantgarde nichts zu spüren [war]« (ebd.). Vielmehr war »die Funktion von Kultur als Vermittlerin eines konservativen Wertekanons, als ethisch-moralische Instanz, vorherrschend« (ebd.). Im Mittelpunkt der Veranstaltung standen Musik (Kirchenmusik, Volksmusik, Hausmusik, vgl. Meller 2006: 96), Theater (Volksstücke und Weltliterarisches) und ab 1952 auch die bildenden Künste. Sektionen wie »Blick in die Welt« und »Junge Dramatik« sollten Internationalisierung und Nachwuchs-förderung gewährleisten. Wie beim Graphikwettbewerb wurde auch bei den Jugendkulturwochen rasch der als innovatives Element gedach-te Wettbewerb zum Gegenstand der Kritik. Die Idee, schlummernde Talente zu wecken, führte den Zeitzeugnissen von Jurymitgliedern zu-folge zu mehrheitlich uninspirierten Ergebnissen.[21] Nach einer Phase der Neuorientierung nahm man Abschied vom Wettbewerbsgedanken und fokussierte in Form von Gesprächen und einem allgemeinen Werkstattcharakter auf den diskursiven und theoretischen Charakter; Film, Radiophonie, Laienspiel und Architektur wurden im Programm berücksichtigt (vgl. Riccabona 2006: 15). Dass sich die Veranstaltung von ihrem Gründungsmotiv löste und zunehmend zu einem Ort der Avantgarde wurde, führt Plattner darauf zurück, dass im

»Inneren ein Kern [lagerte], der sich im Laufe der Jahre entpuppte und einer-seits das schöpferische Potenzial des Neuen [...] immer stärker in den Mittel-punkt rückte, andererseits der offenen Haltung der Organisatoren mehr Platz einräumte, die nach Weiterentwicklung, Professionalität, Ausdehnung, Grenz-überschreitung und Internationalisierung strebten« (Plattner 1999: 263).

Der »kultische« Charakter der Veranstaltung, als permanentes »work in progress«, bildete sich erst in den 1960er Jahren als »Ort der Begeg-nungen und Konfrontationen verschiedener Generationen und Rich-tungen« (Riccabona 2006: 16) aus. Neben der Veränderung der Gene-ration des Zielpublikums – Riccabona verweist darauf, dass das erste Veranstaltungsjahrzehnt an jene gerichtet war, die um 1925 geboren waren, das zweite aber an jene, die während des Krieges zur Welt ka-

---

21 »Völlig indiskutabel«, »ganz bös«, »von unmöglicher Naivität« und »schulmässig erzählte Humoreske« (zit. in Plattner 1999: 264), »sprachli-che Verkrampfung« und »gedankliche Verstiegenheit« (zit. in Wimmer 2006: 73) lauteten ein paar der Urteile.

men – folgte der Verlauf der Veranstaltung damit auch dem Wandlungsprozess des Kulturbegriffs: Gegenüber einem bildungsbezogenen Verständnis der Anfänge geriet in den 1960er Jahren zunehmend eine ästhetische Auslegung ins Blickfeld.

Ab 1960 wurde die Organisation an den Verein Kulturring Tirol[22] im Auftrag des Landesjugendreferats übergeben, Arthur Haidl blieb der »Chef«, ein »Ermöglicher und kein Verhinderer«, wie Gerhart Engelbrecht, der ab 1961 die Agenden der Jugendkulturwochen führte, Haidl rückblickend charakterisierte (Engelbrecht 2005 zit. in Riccabona 2006: 183). Die Veranstalter verfolgten nun den Plan, Innsbruck als Zentrum europäischer Jugendkultur und Avantgarde zu etablieren. (Vgl. Plattner 1999: 264) Damit lag man konzeptuell auf der Höhe der Zeit, schien der Dynamik nahe, die etwa die Filmfestspiele in Cannes durch kuratorische Neukonzeption veränderte, Festivals mit politischem Charakter entstehen ließ (Mostra Internazionale del Nuovo Cinema in Pesaro) und auch die documenta prägte. Kuratorische Tätigkeit wird in den vorliegenden Quellen nicht unter dieser Bezeichnung erwähnt, vielmehr heißt es bei Engelbrecht: »Bei den Jugendkulturwochen hat sich nie ein ›Kulturgschaftler‹ wichtig gemacht, der dem ganzen Unternehmen seinen Stempel aufgedrückt und alle Aufmerksamkeit auf sich gezogen hätte. Die Seele des Unternehmens war das gemeinsame kulturelle Interesse vieler einzelner Personen.«[23] (Engelbrecht 2005 zit. in Riccabona 2006: 183) Hingewiesen wird auf die Bedeutung von »Juroren« und den Beitrag von »Programmgestaltern« wie Raoul Henrik Strand (1919-1998) und Ingeborg Teuffenbach (1914-1992), die ihrerseits Teil des Kulturrings war und

---

22 Erst 1967 konstituierte sich der Verein, zuvor war es ein Zusammenschluss Gleichgesinnter (vgl. Plattner 1999: 308). Arthur Haidl war Vereinsmitglied.

23 »Dass dieses unmögliche Unterfangen tatsächlich gelungen ist, lag vor allem am Stadtpolitiker Arthur Haidl als dem Leiter des Landesjugendreferats […]« (ebd.).

sich besonders für »sprachkritische Positionen bei den Jugendkulturwochen« (Riccabona 2006: 185) einsetzte. Obwohl die neue Ausrichtung auch von Kulturlandesreferent Hans Gamper begrüßte wurde – in
seiner Eröffnungsansprache 1965 meinte er, dass Tirol der Welt mehr
zu bieten habe als bloße Geistlichkeit und prächtige Folklore; es zeichne sich in gleichem Maße durch Weltoffenheit aus und sei eines der
Spannungsfelder internationalen Geistes (Plattner 1999: 266f) – gelang
eine solche, auch dauerhaft funktionierende Umsetzung nicht. 1969
kam es zum »dramatischen Jahr« (Wimmer 2006: 257ff), das das Ende
der Veranstaltung einleiten sollte. Es begann mit einer aktivistischen
Aktion, bei der drei junge Männer die Eröffnungsrede von Landesjugendreferent Haidl störten. Tatsächlich handelte es sich um ein unangekündigtes Theaterstück, nämlich um »… zwei Einakter von Joseph
Kirschbichler (1937, Bruckbach, NÖ), die von der Jury für Dramatik
zur Aufführung empfohlen worden waren« (Kleine Zeitung, 30.4.1969
zit. in Wimmer 2006: 257). Im weiteren Verlauf der Veranstaltung
führte ein weiteres Stück von Kirschbichler zu Unmut bei den Sponsoren, der österreichischen Industriellenvereinigung (vgl. ebd.: 258).
Auch die Aufführung von Horst Lothar Renners Bühnenstück »Moby
Dick schwimmt stromaufwärts« stieß auf kritischen Widerstand. »Das
Stück war von seinem Autor, der zugleich auch Regie führte, offensichtlich darauf angelegt worden, die Zuschauer mit ihren (erwartungsgemäß ablehnenden) Emotionen zu involvieren, auf jeden Fall herkömmliche Erwartungen an das Theater zu desavouieren.« (Ebd.) Die
Vorstellung von einem Aktionismus, der die Grenzen zwischen Aufführung und Wirklichkeit verwischte, also die »vierte Wand« ignorierte, war ein konzeptioneller Anspruch, der die zeitgenössische Avantgarde charakterisierte. Dieser Ansatz stieß in Innsbruck (wie auch anderswo) allerdings auf wenig Gegenliebe. Die Öffentlichkeit fühlte
sich »unglaublich« (ebd.: 269) provoziert. Den Österreichischen Jugendkulturwochen zum Fortbestand zu verhelfen, wurde dadurch versucht, dass eine als wertneutral interpretierte Kunstform in den Mittelpunkt gerückt wurde: die Architektur. Aber auch das scheiterte. Am
18.3.1970 verkündete Kulturlandesrat Fritz Prior, seit vier Jahren im

Amt, das Ende der Österreichischen Jugendkulturwochen. Die Avantgarde wanderte daraufhin nach Graz zum zwei Jahre vorher gegründeten steirischen herbst ab (vgl. Plattner 1999: 269), wo sie weiterhin Skandale provozierte, ohne die Veranstaltung zu Fall zu bringen. In Tirol hatten die Österreichischen Jugendkulturwochen eine ganze Generation von Künstlern geprägt und vernetzt, die wie Bert Breit, Werner Pirchner und Paul Flora trotz internationaler Erfolge in Tirol ihren Lebensmittelpunkt beibehielten. Rückblickend schrieb Andreas Okopenko über die künstlerische Nachkriegsgeneration, zu deren Ort für wenige Jahre die Jugendkulturwochen wurden:

»In (für uns) neue Inhalte wurde tatsächlich Hoffnung gesetzt. Humanismus, Pazifismus, Demokratie, Sozialbewußtsein, Öffnung zur ganzen Welt – das war, so sehr es von anderen leergedroschen wurde und unpraktiziert blieb, für uns neue Generation der feste Kodex […]. Es war eine junge, in aller Tristesse der Kulisse optimistische Zeit.« (Okopenko 1983 zit. in Riccabona 2006: 14f)

Dass eine Veranstaltung mit so prominenten Gästen trotz zeitgemäßer Umstrukturierungen und nach einer Dauer von zwei Jahrzehnten schließlich aus der Veranstaltungslandschaft verschwand, lässt sich retrospektiv auf mehrere Umstände zurückführen. Laut Plattner äußerte sich im Jahr 1969 die »schwache Verankerung« der Veranstaltung (Plattner 1999: 267ff): Politik und Öffentlichkeit auf der einen Seite standen Veranstaltern und Kunstschaffenden auf der anderen gegenüber. In der Öffentlichkeit stieß man sich am Auftreten der Kunstschaffenden ebenso wie an der propagierten Auffassung von Kunst. (Vgl. Wimmer 2006: 269ff) Dass Elfriede Jelinek ausgezeichnet wurde, rief helle Empörung hervor (Plattner 1999: 267ff). Regionalisierung, Interdisziplinarität und Internationalisierung blieben drei wenig erfolgreiche Aspekte der Innsbrucker Veranstaltung (ebd.: 265f). Man könnte sagen, der Horizontwandel stellte sich nicht ein, weil die Kluft zwischen Werken (als Konglomerat aus Veranstaltung und präsentiertem Kunstschaffen) und Rezipienten (Öffentlichkeit) zu groß war: Die Jugendkulturwochen blieben eher ein Fremdkörper als ein verdichteter Ausnahmezustand und konnten im Veranstaltungsort Innsbruck keine breite Wirkung entfalten. Der Kunsthistoriker Peter Weiermair (1944) bezeichnete die Veranstaltung im Nachhinein gar als »zum Teil leerlaufende, insiderische, in die Jahre gekommene Großveranstaltung« (Weiermair o.J.: 74). Das von ihm 1970 mitbegründete Forum für aktuelle Kunst, »ein aufgeschlossener, an keine Tabus gebundener Club Voltaire« (ebd.), sah er als Nachfolgeeinrichtung. Weiermair verwies darauf, dass Innsbruck gerade in den Jahren zwischen 1965 und 1977 ein dichtes Netz an Galerien aufwies, das hochkarätige Ausstellungen und österreichische Erstvorstellungen von Kunstschaffenden wie Marina Abramović anbot, sodass, »wer heute eine Chronologie der Rezeption internationaler Kunst in Österreich verfaßt, an Innsbruck nicht (vorbeikommen wird)« (ebd.). Dass Innsbruck als Drehscheibe avantgardistischer Kunst kaum einen über professionelle Kreise hinausgehenden Ruf besaß und besitzt, mag auf zwei Umstände zurückzuführen sein: Zum einen hatten die Mitwirkenden am Image der Stadt wenig Interesse daran. Zum anderen erfolgt eine solch nachhaltige Bedeutung in der Regel leichter durch Kulturveranstaltungen als »Sites of Passage« als durch eine kulturelle Infrastruktur ohne die besondere Aufmerksamkeitsdichte, die festivaleske Veranstaltungen ermöglichen.

Der Verlauf der Jugendkulturwochen zeigt einerseits ein systemisches Problem: Das erzieherische Gründungsmotiv wandte sich letztlich gegen ihre Gründer, was eingedenk des Generationswechsels als Erfolg zu verbuchen wäre; nur war das Ergebnis die Implosion. Andererseits lässt sich das sanktionierte Ende innerhalb des Narrativs der Tiroler Dichotomie als Scheitern lesen, als wären Tradition und Avantgarde nicht einmal im Nebeneinander möglich und erwünscht. Erst in der wiederum konfliktreichen Entstehung der Tiroler Volksschauspiele 1981 lösen sich die beiden Gegensätze in einer fast kathartischen Erregung auf. Bis dahin sind zwei Gründungen erwähnenswert, die sich in gewisser Weise auch als Produkte ihres Umfeldes gerieren: die Ambraser Schlosskonzerte 1963 und die Innsbrucker Wochenendgespräche 1977.

Das mehrfache Bemühen, in Tirol Sommerfestspiele nach dem Vorbild der mit Kriegsende neu erstarkten Salzburger Festspiele und der 1946 gegründeten Bregenzer Festspiele zu etablieren, wurde 1949 von der Tiroler Landesregierung mit der Begründung abgetan, dass Brauchtumsförderung in der Tiroler Kulturpolitik vorgehe. Der offizielle Kulturbegriff als Aufwertung der »eigenen« Kultur wurde über das Potenzial von internationalen Sommerfestspielen und damit sogar über mögliche Wirtschaftsvorteile gestellt:

»Wer der tirolerischen Kulturarbeit nahesteht und das Festspielproblem nicht so sehr vom wirtschaftlichen als vom kulturellen Standpunkt betrachtet, wird mit uns der Meinung sein, daß in einem Land von so ausgeprägter kultureller Tradition und Eigenart Festspiele oder dergleichen Veranstaltungen ausgesprochenen Tiroler Charakter haben müssen.« (Kulturberichte aus Tirol, 16.9.1949 zit. in Plattner 1999: 270)

Ein weiterer Anlauf 1956 von Oskar Werner, Kulturlandesreferent Gamper und Nationalrat Fink wurde durch Interventionen von Salzburg und Bregenz beim Bund blockiert (vgl. Plattner 1999: 271).

Vor die Entscheidung zwischen Sommerfestspielen in Form von »Innsbrucker Schauspielwochen« und der Errichtung des Passionsspielhauses Erl gestellt, sprach sich die Tiroler Landespolitik für Letzteres aus. 1959 wurde das von Architekt Robert Schuller entworfene Gebäude im Stil der Nachkriegsmoderne fertiggestellt. Oskar Werner hingegen, der 1959 auf private Kosten die Innsbrucker Schauspielwochen dennoch durchführte, scheiterte am Ausbleiben des Publikums. Kulturlandesreferent Gamper führte dies auf »die Preiszuschläge im Vorverkauf, die die bereits hohen Kartenpreise zusätzlich erhöht hätten«, sowie auf die »Unzumutbarkeit der häßlichen Plakatwände für die Bevölkerung« (Plattner; 1999: 272f) zurück. Es sei an dieser Stelle angemerkt, dass man in der Veranstaltungspraxis von den »sieben Jahren« spricht, in denen sich erst beweist, ob eine Veranstaltung angenommen oder abgelehnt wird.

Erst dem Musiker Otto Ulf sollte es gemeinsam mit der Kustodin der Sammlungen des Kunsthistorischen Museums auf Schloss Ambras, Lilly von Sauter, 1963 mit den Ambraser Schlosskonzerten gelingen, Festwochen in Innsbruck zu gründen, dauerhaft zu etablieren und sukzessive zu erweitern: Den Anstoß gaben die Feierlichkeiten zu 600 Jahren Zugehörigkeit Tirols zu Österreich, 1972 wurde erstmals die Internationale Sommerakademie für Alte Musik organisiert und 1977 traten die Festwochen der Alten Musik hinzu (vgl. Plattner 1999: 273). 2013 begingen die Ambraser Schlosskonzerte als »älteste bestehende Konzertreihe für historisch informiertes Musizieren« (www.alte musik.at) ihr 50-jähriges Bestehen. Ulf selbst schrieb über die Entwicklung der Veranstaltung, dass sie »nicht etwa dem Drang entsprungen [war], in Tirol eben auch Sommerveranstaltungen zu realisieren, sie sind vielmehr organisch aus den vorhandenen Aktivitäten gewachsen. [...] Damit wurde Innsbruck zu einem Treffpunkt der internationalen Elite auf diesem Gebiet [der historischen Aufführungspraxis, A.d.V.], und es kommen Hörer aus allen Erdteilen hierher, um zu lernen, zu vergleichen und, was als wichtigstes Ergebnis bisher zu vermerken ist, sich an der Vielfalt der Interpretationsmöglichkeiten alter Musik zu erfreuen.« (Ulf o.J.: 86) Ebenfalls 1977 gründete Ingeborg Teuffenbach die Innsbrucker Wochenendgespräche und formulierte retrospektiv:

»Die Idee für das Unternehmen wurde aus dem Mißbehagen über den Mangel an literarischen Impulsen geboren. Nach der Zerschlagung der Österreichischen Jugendkulturwochen, die Innsbruck zwanzig Jahre hindurch eine erstaunliche Palette von Gegenwartskunst geboten hatten, gab es hier nichts annähernd Ähnliches.« (Teuffenbach 1990: 5)

Bei einem »zaghaften« (ebd.) Treffen von Hörspielautoren im Frühjahr 1977 wurde die Etablierung eines periodischen Literatentreffens »mit bezahltem Bett und Tisch« (ebd.) beschlossen – Unterstützer des Formats waren der ORF zum einen und die Kulturpolitik zum anderen (Teuffenbach o.J.: 94). Das Konzept sah keine öffentlichen Lesungen vor, sondern Gespräche unter deutschsprachigen Literaten zu jährlich wechselnden Themen wie »Das Gegenwartsgedicht und sein imaginärer Raum« (1977) oder »Der Poet und die Natur« (1990). Im Mittelpunkt standen also Werkstattcharakter und theoretische Auseinandersetzung von und für Schriftsteller. Erst seit 2003 ist die »Ausrichtung der Wochenendgespräche erklärtermaßen öffentlich«, heißt es auf der Homepage der Veranstaltung (www.wochenendgespraeche.at/2012/ geschichte.html).

Mit den sich etablierenden Festwochen der Alten Musik und der »Nische« Wochenendgespräche begann sich die Veranstaltungslandschaft in Innsbruck zwischen Hochkultur und Werkstattcharakter zaghaft zu diversifizieren. Es liegt eine gewisse Symbolik in dem Umstand, dass die Wochenendgespräche erst 25 Jahre nach ihrer Gründung die Öffentlichkeit mit einbezogen, ganz so, als würde man Auseinandersetzungen lieber hinter verschlossenen Türen führen, um keinen Unmut zu erregen – möglicherweise ein Erbe der vergangenen Jugendkulturwochen. Und während in dem dicht entstehenden Netz aus alternativen Galerien und Kulturveranstaltungszentren in ganz Tirol internationale Größen der Kunstszene auftraten, blieb die Veranstaltungslandschaft selbst vergleichsweise ruhig, nach innen gekehrt und insofern wenig diskursstiftend in Richtung Öffentlichkeit. Dies änderte sich massiv mit dem Beginn der Veranstaltung der Tiroler Volksschauspiele im Jahre 1981.

Ad c) Skandal bei den Tiroler Volksschauspielen

Initiativen wie der Volksstückwettbewerb 1947, die Einführung eines Spielleitertages 1948 zur Weiterentwicklung der volkstümlichen Formate und die Gründung eines Landesverbandes der Tiroler Volksbühnen legten die Grundsteine für jenen Teil der Tiroler Kultur, welcher in den Folgejahren als vorherrschende Tiroler Tradition vermittelt wurde (vgl. Plattner 1999: 240ff). Dies geschah besonders anlässlich von identitätsstiftenden Feiern 1959, 1963 und 1984 sowie innerhalb der Denkmalkultur (ebd.). Dieser Fokus auf ein betont »Eigenes«, legitimiert anhand des Bedeutungskonstrukts »Tradition«, stellt sich in seiner Priorität als Nährboden für das Narrativ der Tiroler Dichotomie dar. Innerhalb des Blasmusikwesens betrachtete etwa der Kapellmeister von Flaurling »ausländische Einflüsse« als gefährlich, doch auch Teile des Publikums stießen sich daran, als der Landeskapellmeister und einstige Gaumusikleiter Sepp Tanzer einen Saxophonsatz mit einbezog; in einem Leserbrief war von »Negermusik« die Rede (Plattner 1999: 226f). 1979 »beschwichtigte« Tanzer: »Eines wollen wir besonders beachten, daß wir Österreicher und im speziellen Tiroler sind. Zu den bunten Trachten paßt auch die heimische Musik besser als der ›Amerikanismus‹«. (Tanzer zit. in Plattner 1999: 227) Die Dynamik zwischen »Eigenem« und »Ausländischem« konstruierte eine Vorstellung von Gegensätzlichkeit und Ausschließlichkeit als kontraproduktive Grundstruktur im Prozess der Neuordnung nach dem Zweiten Weltkrieg. Sie ist wohl auch ein Produkt der bis dahin nie öffentlich geführten Debatte, inwiefern die Instrumentalisierung von Volkskultur durch die nationalsozialistische Ideologie ab den 1930-Jahren das Verständnis von Brauchtumskultur auf eine Art umgedeutet hatte, dass eine nahtlose Fortführung ohne damit einhergehende ideologische Distanzierung nicht möglich sein konnte. Ende 2012 gab Kulturlandesrätin Beate Palfrader eine Studie zum Forschungsstand über die Rolle der Volkskultur während des Nationalsozialismus unter der Leitung des Historikers Michael Wedekind (Universität Wien) in Auftrag (vgl. Jelcic 2013: http://194.232.15.121/%C3%9Cberblick/Kultur/6267450-6/in-den-archiven-schlummerte-noch-einiges.csp).

Das »Eigene« auch anders darzustellen, gelang in der Durchbrechung vorherrschender literarischer Diskurse und Topoi. Dies geschah 1981 ausgelöst durch die ersten Tiroler Volksschauspiele, die in Hall in Tirol stattfanden. Der Name dieser Veranstaltung ließ keine oppositionelle Ausrichtung gegenüber der althergebrachten Gattung Volksschauspiele vermuten, dennoch lag dem Konzept der Gedanke »Volksschauspiele neu« zugrunde. Es geht zurück auf die Initiative des Schauspielers und Literaten Kurt Weinzierl (1931-2008), des Kabarettisten Otto Grünmandl (1924-2000), des Schauspielers Dietmar

Schönherr (1926) und des Journalisten und Regisseurs Josef Kuderna (1945-2012). Felix Mitterer (1948), Stammautor der Tiroler Volksschauspiele, erinnert sich in seiner Chronik dieser Veranstaltung:

»Kurt Weinzierl hat viele Ideen und Träume. Manchmal geht etwas davon in Erfüllung. So träumte er seit etwa 1974 davon, alle über die – deutschsprachigen – Lande verstreuten Tiroler (Profi-)Schauspieler, Bühnenbildner, Komponisten etc. einmal im Jahr (natürlich im Sommer, während der Theaterferien) nach Tirol zu bringen.« (Mitterer 1991: 4)

Aufführungen von Tiroler Klassikern und neue Stücke sollten in Innsbruck aufgeführt werden. Erst Jahre später konkretisierte sich das Vorhaben nach Interessensbekundungen von Dietmar Schönherr, den »in Zürich gerade das Heimweh plagte« (ebd.). Nachdem eine Finanzierung über das Kulturamt nicht möglich schien, kam das Angebot des FS-1-Intendanten Wolf in der Maur, mithilfe von Fernsehaufzeichnungen den Großteil der benötigten Gelder bereitzustellen. In der Maur wollte »dem Volksstück via Fernsehen zu neuem Ansehen, zu neuer Publizität verhelfen« (ebd.). So konnten 1981 die Tiroler Volksschauspiele zum ersten Mal stattfinden, und zwar, da sich in Innsbruck kein Spielort bzw. keine Unterstützung durch die Kulturpolitik finden ließ, in der Tiroler Stadt Hall (vgl. Mitterer 1991, 4f). Man hatte sich auf Franz Kranewitters »Sieben Todsünden« und »Totentanz« geeinigt, was auch Wolf in der Maur begeistert hatte. Franz Kranewitter (1860-1938) war auf den Volksbühnen der Nachkriegszeit kaum präsent; dennoch oder gerade deshalb sollte diese Wahl Unmut provozieren. Der zivilgesellschaftliche Protest kam von zwei Seiten: Vertreter der Tiroler Volksbühnen argumentierten, Volkstheater könne nur vom Volk gemacht werden, und – wie Mitterer sich erinnert – »junge Leute (zum Teil meine Freunde und Bekannten) [gaben] ein Antiprogrammheft und ein Antiplakat heraus, gerichtet gegen den ›Nazidichter‹ Franz Kranewitter (gest. 4. Jänner 1938) und gegen uns ›Großverdiener‹ und ›politischen Verräter‹« (Mitterer 1991: 4f). Die Vertreter der Volksbühnen hatten zudem angemerkt, dass man keine Nachhilfe brauche, um Kranewitter aufzuführen (vgl. Mitterer 1991: 4). Zur Konkurrenz zwischen Laien und professionellen Darstellern schrieb Mitterer:»Eine Laienbühne kann sicher (vor allem von der Sprache her) eine authentischere Aufführung zustande bringen, aber was Interpretation, was eine neue Sicht anbetrifft und einen neuen Spielstil, da braucht es Berufsregisseure, Berufsschauspieler [...].« (Mitterer 1991: 6) Die Rezeption von Franz Kranewitter war besonders durch die zahlreichen Aufführungen der Exl-Bühne in den 1920er und 1930er Jahren geprägt worden, nach 1945 aber abgerissen. Bezüglich der beliebtesten Genres des Volksschauspiels kam bei einer Erhebung 1978 zutage, dass 90 Prozent der Volksbühnen das Lustspiel bedienten und nur 10 Prozent das ernste Volksspiel, zu dem Kranewitter gezählt werden kann. In seiner detailreichen Betrachtung von Franz Kranewitters Leben und Werk beschreibt der Germanist Johann Holzner des Autors Kampf um Anerkennung im Literatur- und Theaterbetrieb als Prozess der Re-Integration eines Außenseiters (Holzner 1984: 90):»Im Interesse seiner Re-Integration vermittelt Kranewitter zwischen Antipoden, die jedem Koppelungsversuch sich widersetzten. Seine Bemühungen werden denn auch nach und nach anerkannt.« (Ebd. 96) Auf den Vorwurf des Antisemitismus antwortete Kranewitter u.a. mit dem Artikel »Der Kulturwert des Judentums und Zion« (1924). Über die Tiroler Volksschauspiele 1981 schrieb Holzner:

»Durch die Inszenierung der gesamten ›Todsünden‹-Reihe 1981 in Hall [...] wird nicht nur ein unverhofft ›großes Presseecho für Tirol‹, sondern auch eine ungewöhnlich breite und heftige Diskussion ausgelöst; die Veranstalter [...] präsentierten Kranewitter als völlig verkannten Dramatiker und sie stellen ihn in eine Reihe mit Tschechow, Schnitzler, Horváth und Brecht, während Kritiker des aufwändig inszenierten Spektakels den Autor als Frauenfeind, Kriegstreiber und Faschisten bezeichnen und in Flugblättern seine Renaissance als ›Verbrechen wo nicht Dummheit‹ verdammen. Auf neue und überzeugende Argumente verzichten allerdings sowohl die einen wie die anderen. [...] Die Polarisierung der Standpunkte fördert in erster Linie Mißverständnisse.« (Holzner 1984: 152)

So positionierten sich die Tiroler Volksschauspiele zum Auftakt als Ereignis in der Tiroler Kulturveranstaltungslandschaft und eröffneten einen neuartigen Diskurs über das Volkstheater – was die Absicht auch des Förderers ORF gewesen war. Offensichtlich aber war die Tragweite von den Initiatoren nicht erkannt worden. Die Tiroler Volksschauspiele trugen das Narrativ der Polarität zwischen Tradition und kritischer Befragung in genau jenen Sektor, der bislang für Kontinuität und Popularität gestanden hatte. Der tatsächlich große Protest stand allerdings erst bevor.

Als 1982 »Stigma« von Felix Mitterer als Auftragswerk auf dem Programm stand, verweigerte die Stadt Hall die Unterstützung. Die Veranstalter gründeten eine Genossenschaft, um die rechtliche Trägerschaft der Tiroler Volksschauspiele zu übernehmen. In Telfs fanden sie schließlich eine dauerhafte Heimat (www.volksschauspiele.at/index. php?article_id=12) und nahmen den Oberländer Ort in den Veranstaltungsnamen auf. Die Ereignisse um »Stigma« können als einer der größten Literaturskandale im Tirol der Nachkriegszeit bezeichnet werden. Eine österreichweite Hetzkampagne, geleitet u.a. von »Pornojäger« Martin Humer setzte ein, aufgrund von Klagen wurden im Auftrag der Kirche und der Landesregierung Gutachten durch u.a. Universitätsprofessoren erstellt, welche jedoch für das Stück sprachen (Mitterer 1991: 22). Drohungen veranlassten Mitterer, mit seiner Familie aufs Land zu flüchten (ebd.), Die Premiere unter strengen Sicherheitskontrollen und die Folgeaufführungen von »Stigma« indes gerieten zu einem vollen Erfolg.

Bis heute ist es eine Aufgabe der Tiroler Volksschauspiele Telfs, die Kluft zwischen volkstümlicher Kultur und intellektuellem Kunstverständnis zu schließen. Das Ausmaß dieser Kluft hat sich seit den 1980er Jahren deutlich verringert, vielleicht, weil »Stigma« eine kathartische Wirkung hatte und das Konzept der Tiroler Volksschauspiele Telfs einem inneren Bedürfnis des Tiroler Publikums entsprach, Tradition und Aufbruch in einem haben zu können. Neben Dietmar Schönherr, der bis 1985 als Obmann des Trägervereins agierte, prägte besonders sein Nachfolger Hans Brenner (1938-1998) die Veranstaltung. Er sah in der Pflege von Volkstheatertradition eine Möglichkeit zur konstruktiv-kritischen Auseinandersetzung – und konstruktiv mag hier das Zauberwort sein, das Horizontwandel erlaubte: idealtypisch für Traditionalisten ebenso wie für Intellektuelle und so die Dichotomie im Zeit-Raum Festival aufhebend.

Auch auf die Rattenberger Schlossbergspiele schienen sich die Ereignisse um die Tiroler Volksschauspiele auszuwirken. 1982 wurde erstmals ein Stück von Kranewitter inszeniert, ab den 1990er Jahren standen auch Stücke von Peter Turrini und Felix Mitterer auf dem Programm. Zwei Stücke von Mitterer entstanden als Auftragswerke der Schlossbergspiele und erfuhren dort ihre Uraufführung: »Die Hutterer« (2004) anlässlich des 50-jährigen Bestehens der Schlossbergspiele und »Speckbacher« im Rahmen des Andreas-Hofer-Bedenkjahres 2009.

Entwicklung ab den 1980er Jahren

In den 1980er und besonders in den 1990er Jahren gewannen Festivals aus kulturpolitischer Sicht an Attraktivität und es entstand ein Wachstum (vgl. Abb. 3, S. 143). In Tirol kamen die Initiatoren mehrheitlich aus dem zivilgesellschaftlichen Bereich, sie erhielten aber zugleich in den meisten Fällen Förderungen durch das Kulturamt des Landes Tirol und die Gemeinden, manche auch vom Bund. Nur wenige dieser festivalesken Veranstaltungen können der kommerziellen Organisationsstruktur zugeordnet werden, die meisten werden von Kulturinitiativen betrieben, manche werden von den Gemeinden selbst veranstaltet und einige von Wirtschaftsunternehmen. Im Folgenden wird exemplarisch die Entwicklung dokumentiert und kommentiert, wobei die Gründungsinitiativen fokussiert werden. Die Gesamtübersicht der in Tirol stattfindenden festivalesken Veranstaltungen findet sich im Anhang (Abb. 5, S. 185).

1984[24] fand auf Initiative von Schauspielern des Tiroler Landestheaters erstmals das Innsbrucker Straßentheater statt (vgl. Stadt Innsbruck 1984: 6), bei dem ein Theaterwagen an verschiedenen Orten in Innsbruck Station machte – und bis heute macht. Die Initiatoren trugen damit das Theatergeschehen in den öffentlichen Raum, lösten sich so vom kulturell und sozial konditionierten Ort »Landestheater«. Bereits seit mehreren Jahren wird das Straßentheater nicht mehr von Ensemblemitgliedern des Landestheaters gestaltet, sondern von Schauspielern der freien Theaterszene, welche ihre Projekte beim Kulturamt der Stadt Innsbruck einreichen. Das Innsbrucker Straßentheater unterstützt durch sein populäres Format die freie Theaterszene. Seit seinem Bestehen wurden Interpretationen von Nestroy-Stücken oder Shakespeare-Adaptionen ebenso gegeben wie Uraufführungen oder auch Gastspiele internationaler Truppen. (Vgl. www.innsbruck.gv.at/page.cfm?vpath= bildung--kultur/kulturprojekte/innsbrucker-strassentheater)

1987 wurden von der Kulturinitiative Pro Vita Alpina die Ötztaler Filmtage ins Leben gerufen, bei denen historische und aktuelle Filme aller Genres zum Leben im Ötztal in einem unregelmäßigen Rhythmus gezeigt werden. Ebenfalls 1987 fand einmalig das Open Air am Bergisel (Innsbruck) mit Auftritten u.a. von Miles Davis, Udo Lindenberg und Les Rita Mitsouko statt, veranstaltet vom damals noch jungen, privat geführten Kulturzentrum Utopia (gegründet 1985), das jedoch mit dem Festival ein finanzielles Desaster erlebte.

Die erste internationale und für die letzten Jahrzehnte wegweisende festivaleske Veranstaltung war aber das Osterfestival Tirol. Es wurde 1989 – damals mit dem Zusatz »Musik der Religionen« – von der Kulturinitiative Galerie St. Barbara (1971, Hall in Tirol) ins Leben gerufen. Seither bietet es ein handverlesenes internationales Programm mit anspruchsvollen, bei uns wenig bekannten künstlerischen Ausdrucks-

---

24 Auf der Homepage des Kulturamtes der Stadt Innsbruck wird das Gründungsjahr mit 1982 angegeben.

formen unter jährlich wechselnden gesellschaftspolitischen Mottos und zählt bis heute zu den größten und ambitioniertesten Festivals.

Ab den 1990er Jahren wuchs das Angebot an künstlerisch-kulturellen Festivals markant an, wobei auch hier wiederum zahlreiche Initiativen aus dem zivilgesellschaftlichen und eine aus dem wirtschaftlichen Sektor kamen. Aus einem von der Hypo Tirol Bank gegründeten Jugendklub entstand 1990 auf Initiative des Leiters der Kommunikationsabteilung der Hypo Tirol Bank Herbert Waltl das Festival der Träume für Clowns und Kleinkunst. 1991 gründete die Kulturinitiative Ummi Gummi (1978) das Internationale Straßentheaterfestival Olala in Lienz. 1992 wurde unter dem Titel »America Film Festival« das 1999 in Internationales Film Festival Innsbruck umbenannte größte Filmfestival Tirols initiiert. Es hat eine geopolitische Ausrichtung und wird vom privatrechtlich-gemeinnützigen Trägerverein Otto Preminger-Institut der Programmkinos Leokino und Cinematograph ausgerichtet. 1993 wurden die avantgarde tirol – Festival für Neue Musik und Audio Art in Rattenberg, die Arlberger Kulturtage in St. Anton sowie Outreach Academy und Festival in Schwaz gegründet, jeweils als privatrechtliche Initiativen. Die letzten Aktivitäten von avantgarde tirol sind 2011 zu verzeichnen. Mitte der 1990er Jahre wurden drei Veranstaltungen in der Sparte Musik gegründet: In Innsbruck initiierte der Journalist, Autor und Veranstalter Alois Schöpf die Innsbrucker Promenadenkonzerte, frei zugängliche Blasmusikkonzerte im Innenhof der Hofburg, um »breiteren Bevölkerungsschichten [...] die Werke der Kunstmusik näher zu bringen« (www.promenadenkonzerte.at). In Schwaz entstanden die Klangspuren Schwaz Tirol – Festival Zeitgenössischer Musik (damals als »Tage Neuer Musik«) und im Bezirk Kufstein wurde das Kammermusikfest Hopfgarten ins Leben gerufen. 1995 folgte mit dem Filmfest St. Anton – Berge Menschen Abenteuer ein weiteres Filmfestival in Tirol, wiederum mit thematischer Ausrichtung. Ebenfalls 1995 startete der Tanzsommer Innsbruck mit seinem internationalen Programm. 1998 nahmen die Tiroler Festspiele Erl ihren Sommerbetrieb auf und wurden in Innsbruck das New Orleans Festival aufgrund der Städtepartnerschaft mit New Orleans sowie die Premierentage initiiert. Die Premierentage, gegründet von der Galeristin Elisabeth Thoman, waren bis 2013 die einzige festivaleske Veranstaltung in Innsbruck und Tirol, die sich der zeitgenössischen bildenden Kunst widmete, sieht man von den Architekturtagen ab.[25] Der Versuch, der zeitgenössischen Kunst breitere Aufmerksamkeit zu verschaffen, war auch der Motor für das Festival perfomIC, veranstaltet von Innsbruck Contemporary, einem Zusammenschluss von Kunsteinrichtungen und Galerien. Es fand von 2009 bis 2011 statt. Mit der Gründung von Innsbruck International – Festival oft the Arts wurde ein weiterer Anlauf unternommen, der zeitgenössischen Kunst eine Plattform zu verschaffen. Organisiert von The Soap Room, einem »off-space, der sich der Präsenz und Wahrnehmung von zeitgenössischer intern/nationaler Kunstarbeit in Innsbruck verschrieben hat« (www.innsbruckinternatio nal.at/team.html), fand es im Juni 2013 erstmals statt.

Mit diesen und anderen Initiativen wurde in den 1990er Jahren eine Vielfalt an festivalesken Veranstaltungen in verschiedenen Sparten und Ausrichtungen kreiert, die zu den langjährigen und etablierten Kulturveranstaltungen hinzutraten. Dieser Anstieg fällt mit der »Festivalisierung« zusammen, die ab den 1980er Jahren einsetzte, von der Kulturpolitik unterstützt und in der pauschalen Förderung von allem, was Eventcharakter versprach, auch kritisiert wurde.

Es gab in diesem Zeitraum aber auch Veranstaltungen, die im Sinne von »Zivilisationsagenturen« zwar vielversprechend waren, aus unterschiedlichen Gründen aber wieder von der Bildfläche verschwanden: Das von der Kulturinitiative Muku – Musik Kultur St. Johann (Bezirk Kitzbühel) und seinem Leiter Hans Oberlechner 1999 initiierte

---

25 Die Art Innsbruck wurde als Messe in der vorliegenden Forschung nicht berücksichtigt, da dieses Format anderen Mechanismen der Auswahl und Konzeptionierung unterliegt, als es Festivals tun.

Ein Kulturschutzgebiet litt unter dem notorischen Ressourcenmangel, der sich aus dem Spagat zwischen hohem Anspruch und mangelnden Möglichkeiten ergab. 2001 ging aus dem Kulturschutzgebiet aber das Internationale Festival für Jazz und improvisierte Musik artacts hervor, dessen Stammpublikum heute zu 80 Prozent aus ganz Europa anreist. 1996 fand ein brisantes Projekt, die Villgrater Kulturwiese (initiiert 1992), durch einen denkwürdigen Akt der Aggression ein unvorhersehbares Ende: Ein altes Holzhaus, das der Trägerverein der Kulturwiese mit der Absicht erworben hatte, es in ein Zentrum mit dem Namen »Kulturgelände Villgraten« umzubauen, wurde von anonymen Tätern in Brand gesteckt (Kofler/Fürhapter 2011: 11). Dieses radikale Ende der Villgrater Kulturwiese verweist nochmals in aller Deutlichkeit auf die Tiroler Dichotomie: Die Villgrater Kulturwiese war ein spartenübergreifendes Festival »mit traditioneller und zeitgenössischer Literatur, Alter und Neuer Musik, Ausstellungen heimischer und auswärtiger Künstler, Aktionen und Installationen im öffentlichen Raum« (Kathan 2012a: 25), das jährlich »mehrere tausend Besucher in das abgelegene Tal zog« (ebd.). Der ideelle Gehalt und die Intention gingen auf Johannes E. Trojer (1935-1991) zurück, einen Osttiroler Lehrer und Schriftsteller. Auf für Tirol ungewöhnliche Weise hatte Trojer die regionalen Traditionen kulturwissenschaftlich beforscht, sich mit Wurzeln und Veränderungen des ländlichen Alltags befasst. Unter anderem beschäftigte er sich mit dem geschlechterspezifischen Fernsehkonsum, sammelte Objekte und schrieb Redensarten und Flüche der bäuerlichen Welt auf; der Konzeptkünstler Bernhard Kathan (1953) hat die Arbeit Trojers in seinem Hidden Museum 2012 sichtbar gemacht, in die Alltagsforschung eingeordnet und kommentiert (Kathan 2012a). Minutiös hat Trojer sich auch mit der nationalsozialistischen Zeit im Villgratental auseinandergesetzt.

»Trojer zählte zu den ersten, die sich systematisch mit der Geschichte der NS-Zeit im unmittelbaren dörflichen Umfeld beschäftigt haben. Seine erst nach seinem Tod veröffentlichte Studie ›Hitlerzeit im Villgratental. Verfolgung und Widerstand in Osttirol‹ ist nicht nur als Pionierleistung zu sehen, sie besticht vor allem durch ihre atmosphärische Dichte. Neben systematischen Datenerhebungen etwa zu Opfern der NS-Diktatur finden sich darin zahlreiche Mikrostudien zum NS-Alltag.« (Ebd.: 22)

Nach dem Brandanschlag 1996 kam es zu Äußerungen im Dorf wie: »Bevor es die Kulturwiese gab, war noch Frieden im Dorf, war es noch gut! Erst mit ihr ist in der Bevölkerung Streit entstanden. Kein anderer Verein hat das geschafft.« (Ebd.: 25) Letzteres könnte man auch positiv verstehen, doch stand in diesem Fall die Aggression vor konstruktiver Streitkultur. Aus den Erinnerungen von Felix Mitterer über die ersten beiden Jahre der Tiroler Volksschauspiele wird ab und zu etwas wie Katharsis sichtbar; so schildert er etwa, dass ihn nach den Ereignissen und Protesten Briefe erreichten, in denen sich die Verfasser dafür entschuldigten, an der Hetze gegen »Stigma« beteiligt gewesen zu sein, dass sie von einer »allgemeinen Stimmung« mitgerissen worden seien. Dies ist sicher auch auf den medialen Diskurs mit breiter öffentlicher Beteiligung zurückzuführen, wodurch »Stigma« zu einem paradigmatischen Fall wurde. Gerade in einem ländlichen Umfeld wie dem Villgratental lädt sich Kulturarbeit zum zeitgenössischen Kulturbegriff mit sozialen Energien auf. Sowohl der Historiker Martin Kofler als auch der Veranstalter Hans Oberlechner betonen in ihren Studien, dass Kulturarbeit am Land immer einen hohen sozialen Charakter hat (vgl. Kofler 2011, TKI 2012). Damit ist nicht nur die Sozialität als solche gemeint, sondern auch der Eingriff in bestehende Weltsichten, sodass sich die sozialen Energien auch in Form von Widerstand äußern. Daraus wiederum entstehen polarisierende Konflikte zwischen Tradition und Aufbruch.

Wie man die Gefahr einer destruktiven Dynamik verhindern kann, zeigte das Konzept des Musik- und Kulturfestivals Xong!: Es fand von 1998 bis 2010 im Dreiländereck Österreich-Italien-Schweiz statt und veranschaulichte auf exemplarische Weise, wie traditionelle und zeitgenössische Ausdruckformen miteinander harmonieren können. Denn Initiator Konrad Meßner, seit über 25 Jahren im Bereich der Regionalentwicklung tätig, war davon ausgegangen, dass sich besonders und zuerst die Bevölkerung vor Ort mit einer Veranstaltung identifizieren müsse. Sein Konzept basierte anfangs auf der Auseinandersetzung mit Musik, wie sie in jenen Epochen praktiziert wurde, bevor Bühnen und reglementierte Konzerte dem Musikbetrieb seine bürgerliche Prägung verliehen: am Dorfplatz, im Wohnraum und im Wirtshaus. Das war irgendwann auch für »Auswärtige« spannend und erlaubte Experimente zwischen Volksmusik und Jazz, Klassik und elektronischer Musik (vgl. http://oe1.orf.at/artikel/213077; Schulze 2009). Trotz des regionalen und internationalen Erfolgs des Festivals kam es 2010 zum »SchwanenXong«, nachdem die Finanzen nicht mehr zu sanieren waren.

In den 2000er Jahren entstanden weitere zahlreiche Festivals mit einigen Neuerungen in der Organisations- und Anbieterstruktur. Seit 2001 findet jährlich im Programmkino Leokino das Polit-Film-Festival statt, initiiert und kuratiert von einem Kollektiv aus gesellschaftspolitisch Interessierten. 2002 entstand auf Initiative des damaligen Schauspielchefs des Tiroler Landestheaters Klaus Rohrmoser (1953) das Tiroler Dramatikerfestival, eine zweijährlich stattfindende Werkschau mit Uraufführungen von Werken Nord- und Südtiroler Autoren. Im selben Jahr wurde erstmals das international ausgerichtete Festival Sprachsalz – Internationale Tiroler Literaturtage Hall veranstaltet und 2003 das TschirgArt Jazzfestival in Imst, beide von privatrechtlich organisierten Kunstschaffenden bzw. Kulturinitiativen konzipiert und ausgerichtet.

2004 rief der Komponist und Pianist Thomas Larcher (1963) die Kammermusikreihe Musik im Riesen in den Swarovski Kristallwelten in Wattens ins Leben. Musik im Riesen ist die erste Kulturveranstaltung in Tirol, die von einem Wirtschaftsunternehmen betrieben und ausfinanziert wird.

Ebenfalls 2004 fand der erste Schwazer Silbersommer statt. Dabei handelt es sich um eine interdisziplinäre Veranstaltung, getragen von den heimischen Vereinen und veranstaltet vom Kulturamt der Stadt Schwaz. In diesem Rahmen schreibt das Kulturamt einen Autorenwettbewerb zum jährlichen Thema des Silbersommers aus, gerichtet an »al-

le Interessierten, Autoren, Schriftsteller, Journalisten, die in Tirol geboren sind oder/und ihren ordentlichen Wohnsitz in Tirol haben«
(www.schwaz.at/2012/02/23/silbersommer-2012-autorenwettbewerb-
alte-mauern-neuer-geist). Entschieden wird von einer regionalen Fachjury. 2006 rief der aus Stumm im Zillertal stammende Theaterregisseur
Roland Silbernagl das interdisziplinäre, biennale Festival Stummer
Schrei ins Leben, das sich als regional verortetes und international ge-
dachtes Festival versteht. Im selben Jahr fanden erstmals die Architekturtage in Innsbruck statt, eine ebenfalls biennale, österreichweite Veranstaltung, deren Präsentation in Tirol vom Architekturzentrum aut.
architektur und tirol ausgerichtet wird. Die Kulturinitiative
buehnefrei.at (Innsbruck Land) begann 2008 bzw. 2009 zwei Festivals
zur Förderung und Verbreitung der Erzählkunst: das Internationale Er-
zählkunstfestival Innsbruck sowie die Osttiroler Naturgeschichten. Soziale und pädagogische Zusammenhänge zählen dabei zu den zentralen
Motiven. (www.buehnefrei.at/verein.html) Ebenfalls 2008 fand in
Innsbruck das erste Festival der freien Theaterszene statt: Theater trifft
wurde vom Kulturmanager Robert Renk nach Verhandlungen mit dem
Kulturamt der Stadt Innsbruck konzipiert und geleitet, 2011 an Katrin
Jud und Thomas Gassner übergeben und in Freies Theaterfestival
Innsbruck umbenannt. Es findet im Zweijahresrhythmus statt, dient im
Wesentlichen als Plattform für die freie Theaterszene, hat produzieren-
den Charakter und eine wechselnde thematische Ausrichtung. Im
Raum Kufstein finden seit 2009 in mehreren Orten die Tiroler
Beethoven-Tage statt. 2010 wurde von der Volksbank Kufstein-
Kitzbühel das Pop&Rockfestival Kufstein unlimited initiiert. 2011 entstand das einmalig stattfindende Sprawl Festival (Innsbruck) als Ergebnis des Preises »Kunst im öffentlichen Raum Tirol«. Als Nachfol-
geprojekt kann das wiederum einmalige Rotate Festival gesehen werden, eine »Leerstandsbespielung auf dem Rotunde Areal in Innsbruck«
(vgl. http://rotate.autark-net.org).[26] 2011 entstanden Heart of Noise

---

26 Die Rotunde beherbergte bis 2010 das Riesenrundgemälde. 2010/2011

(Innsbruck) als »Festival der allerneuesten Musik« und DIVA – Internationales Monodrama Festival, das biennal in Tux im Zillertal stattfindet. Mit dem Altitude Comedy Festival, das seit 2011 in Mayrhofen (Zillertal) stattfindet, schuf der britische Comedian Marcus Brigstocke (1973), mehrfacher Skigast in Mayrhofen, eine festivaleske Veranstaltung, die ganz dem »Fun« gewidmet ist und sich mit ihrer englischsprachigen Website an Skitouristen wendet.

2012 fand erstmals fmRiese – Forward Music Festival in den Swarovski Kristallwelten statt und 2013 Innsbruck International, ein kuratiertes Festival der zeitgenössischen Kunst (s.o.).

Aus dieser verkürzten Chronologie lassen sich mehrere Umstände ablesen. Erst im Kontext eines allgemeinen steigenden Interesses am Format Festival ist ab den 1980er Jahren eine erneut rege Aktivität in Tirol zu verzeichnen. Die Initiatoren kommen bis auf wenige Ausnahmen aus der Zivilgesellschaft, sind selbst Kunstschaffende oder betreiben Kulturinitiativen mit privatrechtlich-gemeinnütziger Trägerschaft. Als Initialzündung für die Phase ab den 1980er Jahren kann das Osterfestival in Hall in Tirol und Innsbruck bezeichnet werden, das von den Betreibern der Kulturinitiative Galerie St. Barbara, Gerhard und Maria Crepaz, konzipiert wurde. Gerhard und Maria Crepaz zählen seit den 1970er Jahren zu den beharrlichsten Veranstaltern zeitgenössischer internationaler Kunstformate. Sie waren auch an der – gemessen am österreichischen Kontext – frühen Gründung der regionalen Interessenvertretung TKI beteiligt, in Reaktion auf das verstärkte Aufkommen von Kulturinitiativen. Die Galerie St. Barbara war eine der ersten Kulturinitiativen, die Veranstaltungen zur Neuen Musik in Tirol anbot und

---

wurde es in das neue Museum Tirol Panorama am Bergisel transloziert, wodurch die historische Einheit aus Gebäude und Gemälde zerstört worden war. Das Riesenrundgemälde zeigt Szenen aus der dritten Schlacht am Bergisel während der Tiroler Erhebung unter Andreas Hofer (1767-1810) gegen Franzosen und Bayern 1809.

erstmals internationale Größen der Weltmusik nach Österreich brachte. Die Gründung eines Festivals wuchs organisch aus der regen und innovativen Jahrestätigkeit der Initiative heraus. Auch in der Gegenwart erfüllt das Osterfestival, das von einer Tochter und einem Sohn des Veranstalterpaares, Hannah und Christoph Crepaz, übernommen wurde, eine Pionierfunktion, indem es etwa zeitgenössische internationale Formen des Tanzes in das Programm integriert.

Herauslesen lässt sich weiters, dass sich für Entstehung und Wachstum der Kulturveranstaltungslandschaft seit den 1980er Jahren keine erkennbaren kulturpolitischen Förderkriterien abzeichnen, die abseits überzeugender Einzelkonzepte in Kraft getreten wären. Dies entspricht der Logik des Gießkannenprinzips und dient der Vielfalt im Angebot. Neben diesem positiven Aspekt kann die Abwesenheit einer längerfristigen und konzeptionellen planerische Absicht auch als problematisch gesehen werden. So überwiegen die festivalesken Veranstaltungen der Sparten Musik (32) und Darstellende Kunst einschließlich Filmfestivals (21), während die Sparten Interdisziplinäre Festivals (7) und Kulturveranstaltungen mit dem Mittelpunkt Literatur (4) nicht besonders breit aufgestellt sind (vgl. Abb. 4, S. 144). Die Sparte Bildende Künste ist mit nur zwei Veranstaltungen mit festivalesken Charakteristika präsent, was auch bei Berücksichtigung des Umstandes, dass sie eine im Vergleich zur Musik geringere Affinität zum Format Festival aufweist, sehr bescheiden ist. Der hohe Stellenwert der Bildenden Künste nach 1945 (s.o.) und die breiten Aktivitäten der Tiroler Künstlerschaft würden ein größeres Engagement in diese Richtung möglich scheinen lassen. Für Gewichtungen wiederum wären Kriterien nötig, die auf Basis regionaler Möglichkeiten und Bedürfnisse ebenso erstellt werden müssten wie aufgrund der Frage, welche Tendenzen in weiträumigeren Entwicklungen vorherrschen und für die Region vielversprechend sein könnten. Hier kann wieder auf das Beispiel des Kulturentwicklungsplans in Linz verwiesen werden, bei dem besonders für seine zweite Auflage partizipative Prozesse zwischen kulturbetrieblichen und kulturpolitischen Akteuren sowie der Bevölkerung angestoßen wurden. Dass künstlerisch-kulturelle Veranstaltungen überwiegend

von privatrechtlich-gemeinnützigen Betreibern in Form von Kulturinitiativen angeboten werden, kann auf die Aufwertung von Kulturinitiativen im kulturpolitischen Fördersystem ab den 1990er Jahren zurückgeführt werden. Die Kulturinitiativen und ihre acht Interessenvertretungen schlossen sich 2004, als eine Bewerbung Innsbrucks als europäische Kulturhauptstadt debattiert wurde, zur bættlegroup for art mit
dem Ziel zusammen, die »zentrale Rolle der Innsbrucker freien Kultur-
szenen aufzuzeigen und zu stärken« (www.baettle.net/index.php?
id=12). Diese »Stärkung« geschieht u.a. in Form von Arbeitskonferen-
zen mit den Tiroler Kulturpolitikern.

Bemerkenswert ist, dass in den 2000er Jahren zwei Anbieter aus dem
wirtschaftlichen Feld auftreten. Sowohl Musik im Riesen als auch
fmRiese – Forward Music Festival werden zu hundert Prozent von
Swarovski finanziert und finden in dem von André Heller entworfenen
Brandland Swarovski Kristallwelten in Wattens statt. Mit dem Komponisten und Pianisten Thomas Larcher (Musik im Riesen) und dem
Musiker Christof Dienz (fmRiese – Forward Music Festival) wurden
jeweils Künstler als Kuratoren bzw. künstlerische Leiter beauftragt,
welche in beiden Fällen auch die Idee zu den Veranstaltungen hatten.
Musik im Riesen ist der Kammermusik gewidmet, das fmRiese – Forward Music Festival der im weitesten Sinne elektronischen Musik.
Letzteres bietet ein experimentelles Aufeinandertreffen unterschiedlicher Musikschaffender als konzeptuelles Highlight. Als Anbieter verortet sich Swarovski also zwischen den Polen Kammermusik und (ex-
perimenteller) Elektronik. Die Volksbank Kufstein-Kitzbühel entwickelte als Initiator des »größten Pop&Rockfestivals Westösterreichs«,
so der Werbeslogan, für Kufstein unlimited ein Konzept, »das ökonomische Umwegrentabilität zum Ziel hat: In dem dreistufigen Konzept
sind a) Live-Konzerte in drei Tagen auf vier Bühnen in der Kufsteiner
Innenstadt, b) Walk-Acts auf der Festivalmeile mit Straßenkünstlern
und Kinderprogramm sowie c) eine Vermarktung der Partnerbetriebe
integriert« (www.kufsteinunlimited.at/Konzept). Die Stadt Kufstein
leistet einen finanziellen Beitrag zu dieser Veranstaltung.

Nur in und für Innsbruck Stadt existiert mit dem Kultursommer Innsbruck eine Dachmarke, die Kulturveranstaltungen inklusive Sonderausstellungen in der Bewerbung regional und international unterstützt, sich aber auf Angebote in den Sommermonaten konzentriert. Der Kultursommer Innsbruck ging aus dem Verein Innsbrucker Sommer hervor und dieser wiederum aus den Innsbrucker Sommerspielen: Einmal mehr kam der Wunsch nach Sommerspielen auf, allerdings wieder mit glücklosem Ausgang: 1989 fanden diese ausgehend »von der Idee eines verstärkten Kulturaustausches zwischen Stadt und Land« (Schönwiese 1989: o.S.) statt. Vertreter aus Stadt, Land, der Tiroler Sparkasse und dem Tourismusverband Innsbruck waren in das Konzept involviert, bestehende Veranstalter sollten mit einbezogen werden. Für das Programm zeichneten schließlich die »Innsbrucker Sommerspiele« und ihr Trägerverein »Kulturinitiative Tirol« verantwortlich, Leiter war der Volkskundler Ekkehard Schönwiese (1944). Stark forciert wurde der volkskulturelle Sektor in Form von Blasmusikkonzerten und zahlreichen Volkstheater-Inszenierungen inklusive Uraufführungen (ebd.). Die Einrichtung eines Exl-Preises für Volkstheaterspiele war beabsichtigt, es blieb aber bei den Plänen, und auch den Innsbrucker Sommerspielen war kein Bestand beschieden. Aus der Kulturinitiative Tirol wurde schließlich der Verein Innsbrucker Sommer, dessen Leuchtturmveranstaltungen der Tanzsommer Innsbruck und das New Orleans Festival waren. Im Jahr 2013 neuerlich umbenannt und umstrukturiert, steht der Kultursommer Innsbruck für 14 festivaleske Veranstaltungen, welche sich in Vielfalt vereinen. Tendenziell haben neben den etablierten Festivals moderne Kunstformen die Hauptrolle übernommen. Wie jedoch auch die Geschichte der Dachmarke Kultursommer Innsbruck veranschaulicht, geht sie nicht auf einen organisch gewachsenen Gestaltungwillen oder eine längerfristige Konzeptionierung zurück.

Fallbeispiel Tirol

Im Folgenden werden die Erhebung der Kulturveranstaltungslandschaft sowie die Ergebnisse der Künstlerbefragung interpretiert.

DIE TIROLER KULTURVERANSTALTUNGSLANDSCHAFT

Für die Erfassung der Tiroler Kulturveranstaltungen wurden unter-
schiedlichste Kanäle zur Informationsgewinnung genutzt. Die Erhebung der Veranstaltungen wurde über das Internet durchgeführt. Hierfür wurde auf die Plattformen der Interessensvertretungen, Bezirke und
Tourismusverbände zurückgegriffen, darüber hinaus wurden Veranstalter direkt kontaktiert. Die Ausarbeitung erhebt keinen Anspruch auf
Vollständigkeit, da die Informationssituation komplex ist und keine
statistischen Daten existieren. Für die Erfassung der Veranstaltungen
wurden Mindestkriterien festgelegt, welche sich aus der Zielsetzung
ergaben, die Kulturveranstaltungslandschaft nach Bestand und nach ihrer Funktion für Kunstproduktion und -rezeption abzubilden.

- Künstlerisch-kultureller Bezug
- Mehrtägige Veranstaltung (mindestens zwei Tage)
- Mehrjährige Veranstaltung (mindestens zwei Wiederholungen, die
  letzte 2013 oder 2012 bei biennalen Veranstaltungen)

Unter diesen Prämissen wurden 66 Kulturveranstaltungen in ganz Tirol recherchiert. Nach Bezirken visualisiert, ergibt sich folgendes Bild:

Abbildung 1: Kulturveranstaltungen Tirol nach Bezirken

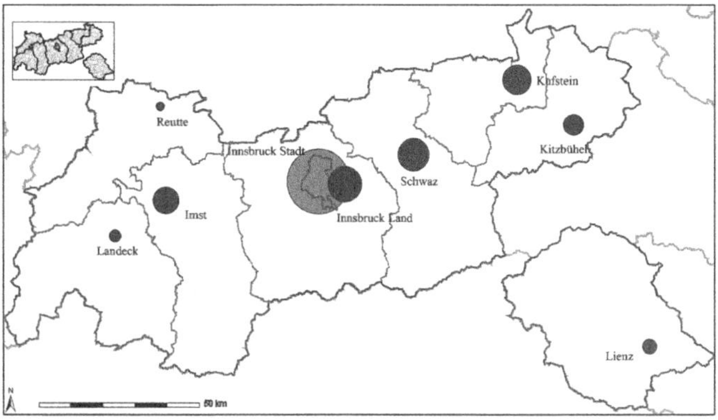

Quelle: modifiziert nach tirisMaps, Land Tirol, BEV, erstellt am 3.7.2013

Nach Veranstaltungsorten innerhalb der Bezirke visualisiert, ergibt sich ein dezentralisiertes Bild:

Abbildung 2: Kulturveranstaltungen nach Orten

Quelle: modifiziert nach tirisMaps, Land Tirol, BEV, erstellt am 3.7.2013

Das Wachstum der festivalesken Veranstaltungen nahm, wie oben bereits geschildert, ab den 1990er Jahren stark zu und erfährt seit 2011 einen neuen Höhepunkt:

Abbildung 3: Gründungen (eigene Darstellung)

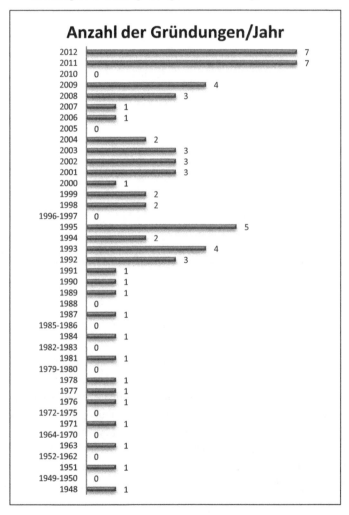

Die Spartenkonzentration nach den klassischen Überbegriffen Bildende Künste (inkl. Architektur), Darstellende Künste (inkl. reproduzierender Formate wie Film), Musik und Literatur sowie interdisziplinäre Veranstaltungen als eigener, jüngerer Bereich, ist in folgender Aufstellung zusammengefasst:

Abbildung 4: Spartenkonzentration (eigene Darstellung)

Bezirk	Bildende Künste	Darstellende Künste	Musik	Literatur	Interdis- ziplinär	
Imst	0	1	5	0	1	
Innsbruck Stadt	2	9	7	1	1	
Innsbruck Land	0	4	5	1	1	
Kitzbühel	0	1	4	0	0	
Kufstein	0	1	8	0	0	
Landeck	0	1	0	0	1	
Osttirol	0	1	0	1	0	
Reutte	0	0	0	0	1	
Schwaz	0	3	3	1	2	
Summe	**2**	**21**	**32**	**4**	**7**	66

TYPOLOGISCHE INTERPRETATION DER AKTUELLEN KULTURVERANSTALTUNGSLANDSCHAFT

Betrachtet man die Angebote vor dem Hintergrund, welche typologischen Merkmale sie aufweisen, so ergeben sich markante Unterschiede in den regionalen Schwerpunktsetzungen. Wenig überraschend, bietet die Landeshauptstadt Innsbruck mit zwanzig Kulturveranstaltungen die größte Vielfalt und Dichte, gefolgt vom Raum Innsbruck Land mit elf, dem Bezirk Schwaz und Kufstein mit je neun, dem Bezirk Imst mit sieben, dem Bezirk Kitzbühel mit fünf, dem Raum Osttirol und dem Bezirk Landeck mit je zwei und dem Bezirk Reutte mit einer Kulturveranstaltung.

Das Spektrum in Innsbruck Stadt und Land reicht von High-End-Veranstaltungen wie dem Innsbrucker Tanzsommer und dem Festival der Träume bis zu latenten High-End-Veranstaltungen wie dem New Orleans Festival, welches neben der Präsentation internationaler Musiker auch eine Plattform für Nachwuchskünstler ist. Sparteninterne Diskurse erfüllen die Promenadenkonzerte oder das Filmfest rejected. Einige Veranstaltungen sind thematisch ausgerichtet, um Diskurse zu Politik oder Natur zu stiften. Viele der erhobenen Kulturveranstaltungen in Innsbruck Stadt und Land haben produzierenden Charakter. Letztere sind dabei auffallend an die heimische Szene gerichtet, wie das Innsbrucker Straßentheater, das Freie Theaterfestival Innsbruck oder das Tiroler Dramatikerfestival. Zwei festivaleske Veranstaltungen setzen sich mit dem Diskurs um zeitgenössische Kunstbegriffe auseinander, die Premierentage und die Architekturtage (2013 trat das Innsbruck International hinzu, das aufgrund seines Gründungsdatums in den Grafiken nicht berücksichtigt wurde). Andere stellen globale Entwicklungen in ihren Mittelpunkt, wie das Osterfestival Tirol oder Sprachsalz. Letzteres schafft durch die Art seiner Inszenierung Nähe zu international erfolgreichen Schriftstellern und dadurch ein »Festspiel für Literaten und Publikum« (Kuratorin Magdalena Kauz auf www.sprachsalz.com/presse).

Der Bezirk Kufstein bietet mehrheitlich High-End-Veranstaltungen an. Die meisten festivalesken Veranstaltungen sind weder kuratiert, noch bieten sie kulturvermittelnde, diskursive oder produzierende Aspekte. Im Grenzbereich von High-End-Veranstaltung und »Site of Passage« können die Tiroler Festspiele Erl eingeordnet werden, wo hochkulturelle Eigenproduktionen in der von Festivalleiter Gustav Kuhn betriebenen Accademia di Montegral erarbeitet werden. Die Tiroler Festspiele Erl bieten darüber hinaus eine Form der regionalen Belebung an, da Hochkultur in einer ländlichen Region stattfindet und ein spartentreues Publikum aus dem deutschsprachigen Raum anzieht. Mit der Eröffnung des auch im Winter bespielbaren neuen Festspielhauses im Dezember 2012 neben dem Passionsspielhaus wurde der Standort gestärkt.

Der Raum Kitzbühel weist mit artacts in St. Johann eine kuratierte Kulturveranstaltung auf, während die anderen Kulturveranstaltungen keine kuratorische Identität zeigen, weder besonders international noch besonders regional noch besonders inszeniert sind und daher dem Bereich der allgemeinen regionalen Belebung zufallen.

Als innovative Zentren innerhalb der Tiroler Kulturveranstaltungslandschaft erweisen sich die Bezirke Schwaz, Imst und Landeck. Hier finden sich die dichtesten Verbreitungen von kuratierten Veranstaltungen mit produzierendem Charakter sowie eine erkennbare Verknüpfung von internationalem Anspruch mit Verbundenheit zur Region: Diese Kriterien erfüllen z.b. Freistaat Burgstein in Längenfeld sowie die Klangspuren Schwaz und Outreach Academy und Festival in der Stadt Schwaz. Die Klangspuren binden neben Tiroler Kunstschaffenden aus Musik und Literatur auch örtliche Blasmusikkapellen in ihr Programm mit ein und überbrücken auf unspektakuläre Weise die Tiroler Dichotomie in integrativen Konzepten. Darüber hinaus bieten sie ein über das Jahr reichendes Kulturvermittlungsangebot, das sich mit dem Phänomen Hören und den Besonderheiten der Neuen Musik beschäftigt und sich in zahlreichen Formaten an Kinder wie Erwachsene wendet. Für Outreach organisiert der in New York lebende künstlerische Leiter Franz Hackl im Teil „Academy" Workshops von Juli bis August, deren Ergebnisse beim Festival präsentiert werden. Das Zillertal, die touristische Hochburg im Bezirk Schwaz, hat in den letzten Jahren eine spannende Entwicklung bezüglich festivalesker Veranstaltungen durchlaufen: Mit dem von Roland Silbernagl und Martin Flörl gegründeten Stummer Schrei, benannt nach dem zentralen Veranstaltungsort Stumm im Zillertal, hielt eine interdisziplinäre (Theater, Musik, Literatur) künstlerisch-kulturelle Veranstaltung Einzug. Sie positioniert sich bewusst als moderne Veranstaltung in einer Region mit traditionellem Image und ging von dem Gedanken des »Welttheaters am Dorfplatz« aus (Silbernagl in http://kultur.tirol.at/de/artikel/29145/stimmenvielfalt-beim-stummer-schrei%9C-nr-5). Ein Jugendprojekt, mindestens eine österreichische Erstaufführung, eine Mischung aus

Laien- und Profikultur verbinden partizipative, produzierende und diskursstiftende Ansprüche.

Im Bezirk Landeck konzentriert sich die Festivalaktivität auf den Arlberg und weist mit den Arlberger Kulturtagen und dem Filmfest St. Anton zwei kuratierte Veranstaltungen auf, die sich thematisch und diskursiv mit der Region auseinandersetzen.

Der Bezirk Osttirol hat dank zweier Kulturinitiativen diskursive Angebote mit dem Internationalen Straßentheaterfestival Olala und den Osttiroler Naturgeschichten, während im Bezirk Reutte eine einzige Veranstaltung im Lechtal existiert: Die Geierwally Freilichtbühne mit Werken von u.a. Felix Mitterer, inszeniert u.a. von Regisseuren aus dem Raum Innsbruck.

Die kuratierten Veranstaltungen weisen in ihren Konzepten eine intrinsische Motivation auf, was auf die dahinterstehenden Kulturinitiativen und gemeinnützigen Vereine sowie auf die auffallend hohe Beteiligung von Kunstschaffenden als Kuratoren zurückgeführt werden kann. Nur wenige Veranstaltungen mit internationalem Programm legen ihre Einbettung in internationale Festival-Netzwerke dar. Dies wäre bezüglich der potenziellen Weitergabe von den produzierten Kunstwerken in den »Circuit« aufschlussreich. Dass internationale Veranstaltungen das Netzwerk hingegen als Quellen für ihr Programm verwenden, ist naheliegend. So zeichnen Österreichpremieren von internationalen Produktionen das Osterfestival, den Innsbrucker Tanzsommer, das Internationale Film Festival Innsbruck oder auch artacts aus. Uraufführungen finden bei Festivals der Darstellenden Kunst statt, die, wie das Tiroler Dramatikerfestival, das Freie Theaterfestival, die Volksschauspiele Telfs oder die Schlossbergspiele Rattenberg, produzierenden Charakter haben. In der stark vertretenen Sparte Musik bieten die Klangspuren Schwaz Uraufführungen ebenso wie die Tiroler Festspiele Erl oder Musik im Riesen. Die Festwochen der Alten Musik beleben ihrem Profil gemäß historische Aufführungsformen.

Der überwiegende Teil der Kulturveranstaltungen wendet sich an ein regionales Publikum und bewirbt in Kooperation mit den Tourismuseinrichtungen ausländische Gäste. Besonders Kulturveranstaltungen, die in den Sommermonaten in den ländlichen Bezirken stattfinden, wenden sich an ein touristisches sowie einheimisches Publikum. Branchenpublikum hingegen scheint als Zielpublikum selbst bei Festivals mit Premieren und Uraufführungen eine untergeordnete Rolle in der Tiroler Kulturveranstaltungslandschaft zu spielen. Dies lässt den Rückschluss zu, dass die Veranstaltungskonzepte ihre regionale Bezogenheit als ästhetische Bildungsarbeit verstehen und/oder dass sie als kulturtouristische Belebung gedacht sind. Sowohl die Weitergabe in internationale Netzwerke von Produktionen, die aufgrund von festivalesken Veranstaltungen entstehen, wie auch ein Laborcharakter, bei dem die Weiterentwicklung von Formensprachen der ästhetischen Kultur im Vordergrund steht, scheinen in ihrem Potenzial nicht ausgeschöpft zu werden oder, auch diese Schlussfolgerung bietet sich an, der produzierende Charakter entsteht aus regional gedachten Konzepten. Laborcharakter und Weitergabe von produzierten Kunstwerken werden nach den erhobenen Daten in überzeugendem Ausmaß nur von den Klangspuren Schwaz erfüllt.

Zahlreiche festivaleske Veranstaltungen hingegen erfüllen als »Sites of Passage« einen Laborcharakter in dem Sinne, dass sie eben auf regionale Kontexte reagieren und diese kritisch reflektieren. Die Intention der regionalen Diskursstiftung scheint insofern viel stärker ausgeprägt als überregionale Interessen. Der Kontext Peripherie – und vielleicht auch der verinnerlichte Topos der »Provinz« und das Narrativ der Tiroler Dichotomie – würden nach dieser Interpretation eine gewisse Wirkungsmacht entfalten, die sich in Konzepten der Förderung ebenso spiegelt wie in jenen der Veranstaltungen selbst.

Inwiefern die Kulturveranstaltungslandschaft Tiroler Kunstschaffende unterstützt bzw. fördert, wurde mittels einer Online-Umfrage in Erfahrung zu bringen versucht, was im Folgenden dargestellt wird. Dieses Feedback seitens der Kunstschaffenden soll als Echoraum abseits des Selbstverständnisses von Veranstaltern und als Bindeglied zwischen regionalem und internationalem Denken dienen.

Die Tendenz der starken regionalen Fokussierung taucht etwa als Kritik bei den Kunstschaffenden mehrfach auf.

BEFRAGUNG DER KUNSTSCHAFFENDEN

Entscheidend für die Interpretation der Ergebnisse sind die Erstellung und Inhalte des Fragebogens sowie die Art der Verteilung, welche die Frage nach der Erreichbarkeit impliziert.

Erstellung und Inhalte des Fragebogens

Für die Erstellung des Fragebogens wurden die Grundprinzipien der empirischen Forschung nach Roland Bässler (Bässler 2009: 24ff) beachtet. Die Umfrage wurde mittels eines standardisierten strukturierten Fragebogens durchgeführt, die Kunstschaffenden konnten in einem Zeitfenster von drei Wochen an der Befragung teilnehmen. Es handelte sich um eine einmalige Befragung, somit war eine mehrmalige Teilnahme nicht möglich. Aufgrund der Problemstellung wurden Fakt- und Meinungsfragen formuliert. Die Fragen wurden sowohl offen als auch geschlossen gestellt. Um besonders umfangreiche Informationen zu erhalten, wurden die Fragen mit Kommentarfeldern versehen, um die geschlossenen Antworten begründen zu können. Bei einigen Fragen waren Mehrfachnennungen möglich. Für die Auswertung wurden die mehrfach genannten Antworten entsprechend gewichtet, um aussagekräftige Ergebnisse zu gewährleisten.

Die Aussendung zur Teilnahme enthielt eine kurze Projektbeschreibung, in der die Zielsetzung des Forschungsprojektes sowie der Befragung erläutert wurde. Forschungsteam, Förderung und Laufzeit von Befragung sowie Forschungsprojekt wurden bekannt gegeben. Der Fragebogen umfasste einen geschlossenen und einen offenen Teil. Für die allgemeinen Daten wurden geschlossene Fragen verwendet, um Alter, Geschlecht, Wohnort, künstlerischen Werdegang und die aktuelle Tätigkeit zu erfragen. Angeboten wurde die Zuordnung zu den Bildenden Künsten, der Darstellenden Kunst (die reproduzierenden Künste wie Film wurden hier hinzugezählt), der Musik und Literatur. Zuteilungen zu Subsparten waren möglich. Ebenso wurden die künstlerische Ausbildung und die Einkommensverhältnisse unter dem Aspekt erhoben, ob die Befragten ausschließlich von ihrer Kunst leben oder weitere Einnahmequellen benötigen. Schließlich wurde die Nutzung von Netzwerken für Vertrieb und Verbreitung erhoben, bezogen darauf, ob die Kunstwerke der Teilnehmenden regional, national bzw. international vertrieben bzw. aufgeführt werden. Die statistischen Daten werden im Folgenden kurz zusammenfasst.

Ausführlicher werden die offenen Fragen beleuchtet, welche Rückschlüsse auf das Verhältnis der Kunstschaffenden zur Tiroler Kulturveranstaltungslandschaft zulassen. Hier wurden fünf Detailfragen gestellt: 1) Inwieweit dient(e) die Tiroler Kulturlandschaft als Sprungbrett für Ihre künstlerische Karriere? Welche Institutionen sind/waren dabei besonders hilfreich? 2) Was macht für Sie die künstlerische Arbeit in Tirol wertvoll? 3) Welche Kulturveranstaltungen dienen Ihnen als Präsentations-Plattform für Ihre Werke (nicht auf Tirol beschränkt)? 4) Welche Kulturveranstaltungen dienen Ihnen zur Inspiration (nicht auf Tirol beschränkt)? Schließlich konnten die teilnehmenden Kunstschaffenden noch 5) zu den Stärken und 6) zu den Schwächen der Tiroler Kulturveranstaltungslandschaft Stellung nehmen. Weiters hatte der/die Befragte noch die Möglichkeit, einen finalen Kommentar abzugeben.

Distribution des Fragebogens
Die Versendung der Fragebögen fand per E-Mail statt, wobei die Interessenvertretungen der einzelnen Sparten als Verteiler genutzt werden konnten: Im Bereich Bildende Künste verschickte die Tiroler Künstlerschaft den Link an rund 300 Mitglieder. Die Sparte Darstellende Künste wurde durch die Interessenvertretungen IG Freie Theater und IG Filmkunst Tirol und deren Versendung von 37 Fragebögen abgedeckt. Für die Sparte Musik wurden die Gemeinschaft Music Austria – mica, Musikland Tirol und die Internationale Gesellschaft für Neue Musik kontaktiert, welche leider keinen Verteiler für Tiroler Musikschaffende

zur Verfügung stellen konnten. Aus diesem Grund wurden rund hundert Komponisten sowie Interpreten über die Klangspuren Schwaz – Festival Zeitgenössischer Musik sowie einen in Wien lebenden Tiroler Musiker und Veranstalter mit umfangreichem Netzwerk angeschrieben. – Eine Verzerrung der Ergebnisse zugunsten der Klangspuren konnte bei der Verwertung aufgrund der ausgewogenen Spartenverteilung bei den Probanden sowie der spartenübergreifenden Nennungen der Klangspuren in den offenen Fragen ausgeschlossen werden. – Über die IG Autorinnen Autoren (Sektion Tirol) und die Grazer Autorinnen Autorenversammlung (Sektion Tirol) wurden 45 Personen aus dem Bereich der Literatur erreicht. Für die Befragungen wurden insgesamt 482 Fragebögen versendet. 42 Kunstschaffende beantworteten den Fragebogen. Somit beläuft sich die Rücklaufquote auf 9 Prozent. Quantitativ sind die Antworten von 42 Kunstschaffenden von eingeschränkter Aussagekraft. Jedoch geben die qualitativ gestellten Fragen Aufschluss über den Status quo der Tiroler Kulturveranstaltungen.

Statistische Daten

An der Umfrage nahmen 26 Männer (61,90 %) und 16 Frauen (38,10 %) teil. Es haben keine Kunstschaffenden unter 20 Jahren an der Befragung teilgenommen, nur eine oder einer zwischen 21 und 30 Jahren. Elf der Teilnehmenden waren im Alter von 31 bis 40 Jahren, zwanzig zwischen 41 und 50 Jahren. In der Kategorie 51 bis 60 Jahre antworteten sechs Kunstschaffende, vier Personen waren über 61 Jahre alt. Es lässt sich hier ein Zusammenhang zwischen dem mittleren Altersdurchschnitt und dem Versendungskanal des Fragebogens vermuten. Junge Kunstschaffende organisieren sich eventuell noch selbst und nehmen die Angebote zur Mitgliedschaft bei Interessengemeinschaften noch nicht an.

Mehr als die Hälfte (52,38 %, 22 Personen) der Teilnehmenden lebt in Tirol. Sieben (16,67 %) leben in Wien und drei (7,14 %) gaben den Wohnort Berlin an. Weitere drei (7,14 %) haben mehrere Wohnorte. Zwei (4,76 %) wohnen in Salzburg und eine Person (2,38 %) gab einen Ort in Vorarlberg an. Vier (9,52 %) antworteten nicht auf die Frage des Wohnortes.

17 Kunstschaffende gaben an, im Bereich Bildendende Künste tätig zu sein. Mehrfachnennungen waren möglich und wurden von den Befragten angegeben. Die Ergebnisse lassen sich wie folgt darstellen:

Architektur	0	Personen
Bildhauerei	6	Personen
Malerei	6	Personen
Grafik	7	Personen
Kunstgewerbe	1	Person
Design	1	Person
Mode	0	Personen
Fotografie	7	Personen
Video und Medienkunst	11	Personen

In der Sparte Darstellende Künste arbeiten 13 der Teilnehmenden (Mehrfachnennungen wurden berücksichtigt):

Theater – Drehbuch	4	Personen
Theater – Regie	2	Personen
Theater – Produktion	1	Person
Theater – Schauspiel	4	Personen
Film – Drehbuch	2	Personen
Film – Regie	4	Personen
Film – Produktion	4	Personen
Film – Schauspiel	2	Personen
Performative Künste	3	Personen
Tanz	0	Personen
Poetry Slam	0	Personen

Die Sparte Musik, die 14 Befragte wählten, wurde in die Bereiche Komposition und Interpretation eingeteilt. Auch hier war es wieder möglich, beide Kategorien zu wählen. Komposition wurde von sieben Personen gewählt, der Bereich Interpretation von neun.

Für die Sparte Literatur standen die Kategorien Epik, Lyrik, Drama und Romane zur Wahl. Elf Kunstschaffende sind in diesem Bereich tätig. Das eher ausgeglichene Verhältnis zwischen den wählbaren Kategorien ist auf die Möglichkeit der Mehrfachnennungen zurückzuführen. Die Teilnehmenden gaben meist mehrere Arbeitsgebiete an.

Bezüglich der Ausbildung gaben 21 Personen (50,00 %) an, eine akademische Ausbildung im Bereich Kunst absolviert zu haben. Für die Kategorie Autodidakt entschieden sich zehn Teilnehmende (23,81 %), drei (7,14 %) wählten die beiden Kategorien Akademische Ausbildung und Autodidakt. Fünf Personen (11,90 %) gaben an, andere Ausbildungen abgeschlossen zu haben. Beispielsweise wurden ein Betriebswirtschaftsstudium und eine Hochschulfortbildung genannt. Drei Teilnehmende wählten keine Kategorie aus.

25 der befragten Personen (59,52 %) gaben an, ihre Haupteinnahmen aus ihrer künstlerischen Tätigkeit zu beziehen. 16 Teilnehmende (38,10 %) sagten aus, dass sie nicht vollständig von ihrer Kunst leben können. Ein Proband wählte keine Kategorie aus.

Für die Frage des Vertriebs ihrer Kunstwerke konnten die Teilnehmenden zwischen den Kategorien Regional, National und International wählen. Mehrfachnennungen waren möglich. Die Beantwortung ergab, dass der größte Anteil des Vertriebs international abgewickelt wird: 32 der Befragten gaben dies an. Im nationalen Bereich sind 29 Personen tätig. Zwanzig der befragten Kunstschaffenden ordneten sich dem regionalen Vertrieb zu. Eine Person machte keine Angaben zum Vertrieb der Kunst.

Mit der Frage nach der Nutzung von Netzwerken sollte erörtert werden, inwiefern die Kunstschaffenden kommunizieren bzw. Netzwerke aufbauen und nützen. Die Abfrage war im Fragebogen ein Teil der Detailfragen und wurde für die Auswertung bei den allgemeinen

Fragen platziert. Für die Beantwortung standen den Teilnehmenden die Kategorien Digitale Netzwerke, Private Netzwerke und Interessenvertretungen zur Verfügung. Die Befragten hatten die Möglichkeit, mehrere Antworten zu geben. Der Anteil der Nutzung von digitalen Netzwerken liegt bei 28 Personen. Private Netzwerke werden von 29 Kunstschaffenden genutzt. Interessenvertretungen wurden von zwanzig Teilnehmenden angegeben. Acht befragte Personen gaben keine Auskunft dazu.

Interpretation der offenen Fragen der Befragung von Kunstschaffenden

Folgende Tendenzen lassen sich aus den Aussagen herauslesen:

*   Künstlerische Ausbildungsstätten werden besonders im Bereich der Bildenden Künste vermisst. Hingegen wird mehrfach die gute Ausgangssituation für musikalische Aus- und Weiterbildungen betont (Musikgymnasien, Konservatorium).
*   Ebenfalls wiederkehrend ist die Kritik am fehlenden diskursstiftenden Kulturjournalismus in den Tiroler Medien. Auch Öffentlichkeitsarbeit durch das Kulturamt des Landes Tirol wird als unterstützende Maßnahme vermisst und der Vergleich mit Förderstellen in anderen Bundesländern gezogen, welche sich über die Fördervergabe hinaus als Vermittlungsstelle verstehen, quasi dem erweiterten Kulturbegriff einen erweiterten Kulturpolitikbegriff folgen lassen.
*   Kritisiert wird weiters, dass Fördermöglichkeiten (zu) oft den Regionalbezug in den Vordergrund stellen und so von vornherein Internationalität unterbunden wird:

»[…] regional arbeitende KünstlerInnen haben deshalb auch kaum eine Chance international anerkannt zu werden (weil man durch die Sachzwänge quasi zur Regionalität erzogen wird); durch diese Förderpolitik passiert es auch, dass KünstlerInnen zwar oft sehr gute Projekte machen, diese Projekte jedoch als

Referenz im internationalen Kontext nicht verwendbar sind, weil thematisch außerhalb von Tirol nicht relevant. Überhaupt gibt es in Tirol kaum Veranstaltungen bzw. Ausschreibungen für Projekte, die thematisch frei sind, meist gibt es Themen oder geladene Wettbewerbe, wodurch sich das Bild der Kunstproduktion verzerrt, [...].«

• Positiv hervorgehoben wird mehrheitlich die Arbeit von Galerien, Kulturzentren, Verlagen und Ausbildungsstätten (im Bereich Musik, s.o.), während Kulturveranstaltungen kaum für die künstlerische Produktion und Rezeption genannt werden. Eine große Ausnahme stellen die Klangspuren mit sehr vielen Nennungen dar. Bei Kulturzentren vermischt sich deren Rolle zwischen festivalesken Veranstaltungsangeboten und Jahresprogramm, so z.B. bei Leokino/Cinematograph, die mehrfach genannt werden, während »Filmfestivals« in Tirol allgemein und ohne Bezug auf z.B. das Internationale Film Festival Innsbruck, das Polit-Film-Festival oder das Filmfest St. Anton Erwähnung finden. Mehrfach genannt wird auch die Galerie St. Barbara, ohne besondere Erwähnung des Osterfestivals.
• Auffallend ist schließlich, dass besonders auf die Räume Innsbruck Stadt, Innsbruck Land (insbesondere Hall in Tirol) und die Stadt Schwaz referiert wird.

Im Folgenden werden die Fragen im Wortlaut sowie Auszüge aus den Antworten wiedergegeben:

1. Inwieweit dient(e) die Tiroler Kulturlandschaft als Sprungbrett für Ihre künstlerische Karriere? Welche Institutionen waren/sind dabei besonders hilfreich?

In sieben von 34 Antworten wird explizit verneint, dass es eine solche Wirkung gebe. Mehrfach werden die Interessenvertretungen genannt, besonders die Tiroler Künstlerschaft, sowie die (musikalischen) Ausbildungsstätten und in Einzelfällen publizistische Medien wie das Fenster (1967-2000), der 20er und die Tiroler Tageszeitung. Der ORF wird in Zusammenhang mit Musik im Studio erwähnt. Von den Kulturbetrieben werden die Galerie im Taxispalais (1964), das Treibhaus (einmal mit der Betonung das »alte Treibhaus«, jenes in der Roseggerstraße, 1981-1986), das Kulturlabor Stromboli (1989) und das Bierstindl (1994-2010) mehrfach erwähnt. Bei den Veranstaltungen werden mehrere Male die Klangspuren Schwaz und je einmal die Tiroler Volksschauspiele Telfs und die Innsbrucker Wochenendgespräche genannt. Insgesamt werden mehr kulturbetriebliche Einrichtungen erwähnt, als es Teilnehmende an der Umfrage gab.

Bezüglich der Förderungen wird bei dieser Frage (im Unterschied zu Fragestellung 2.) das Land Tirol mehrfach positiv besonders bezüglich Ankäufen und Stipendien erwähnt, einmal die Stadt Innsbruck, einmal das Bundesministerium für Unterricht und Kunst und je einmal die Hypo Tirol Bank und die Raiffeisen Landesbank.

»Gegenwartskunst ist geprägt vom Kampf ums Überleben. Vielleicht ist das ein ›entsprechender‹ Nährboden für Kreativität. Was andere längst haben, sind Ausbildungsmöglichkeiten.«

2. Was macht für Sie die künstlerische Arbeit in Tirol wertvoll?

Hier spiegelten die Antworten zum einen wider, dass es keinen Tirolbezug braucht, um künstlerische Arbeit wertvoll zu machen, bzw. dass diese Frage keine Relevanz besitzt. Zum anderen kehren wiederholt die Motive der »künstlerischen Opposition«, der Publikumsnähe, der Vielfalt von Kunstrichtungen und der guten Netzwerke unter Kunstschaffenden wieder. Geschätzt werden auch Lebensqualität und die Rückzugsmöglichkeit für kreative Arbeit.

»Dass sie in so weitgehend gegenwartskunstferner Zone spielt, dass sie die einzige Opposition im Land ist – das macht sie auch so schwierig, denn die direkte

Künstler/innen-Fördersituation in Tirol (Land) ist katastrophal, nur in der Stadt Innsbruck besser.«

»Beitrag zur Kultur in Tirol leisten, Tirol als Schauplatz der Roman-Themen oder Liedtexte macht Tirol außerhalb eines bestehenden Klischees bekannt.«

»Der direkte Kontakt zum Publikum hilft einerseits beim Verkauf von Arbeiten, aber auch die direkte Rückmeldung bzw. Diskussion ist ein motivierender Faktor für die Arbeit. Das gleiche gilt für Institutionen, Kuratoren und Fachleute.«

3. Welche Kulturveranstaltungen dienen Ihnen als Präsentations-Plattform für Ihre Werke (nicht auf Tirol beschränkt)? Welche Institutionen sind/waren dabei besonders hilfreich?

Unter diesem Punkt wurden mit Ausnahme der Klangspuren Schwaz einzig fixe Kultureinrichtungen und Kulturinitiativen (Kulturlabor Stromboli, Galerie Taxispalais, Pro Vita Alpina, Volksbühnen, Bierstindl u.a.) sowie die Tiroler Künstlerschaft genannt.

4. Welche Kulturveranstaltungen dienen Ihnen zur Inspiration (nicht auf Tirol beschränkt)?

Neben allgemeinen spartenbezogenen Nennungen ohne Spezifizierung und ohne Einschränkung auf Veranstaltungen wurden aus Tirol die Premierentage in Innsbruck, die Kunststraße Imst, die Tiroler Volksschauspiele Telfs, die Tiroler Festspiele Erl, die Innsbrucker Wochenendgespräche, Sprachsalz, die Innsbrucker Festwochen der Alten Musik und die Klangspuren Schwaz genannt; außerhalb von Tirol die Salzburger Festspiele, die documenta, die Biennale di Venezia, die Berlinale, die Viennale, das Pflasterspektakel in Linz, die Clownin (Wien, Andorra), La Strada (Graz), die Donaueschinger Musiktage, Wien Modern, der steirische herbst, die Wiener Festwochen, das Festival für zeitgenössische Musik Bozen und transart (Bozen).

5. Wo sehen Sie die Stärken in der Tiroler Kulturveranstaltungslandschaft?

Hier wurde mehrfach auf die »Sturheit einzelner KünstlerInnen und Veranstalter« im Sinne von gutem Durchhaltevermögen hingewiesen, einmal mit dem Zusatz, dass dies sich auch »ins Negative« zu steigern vermag. Vielfalt und Einzelinitiativen mit »Sogwirkung« (Galerie St. Barbara, Klangspuren Schwaz, Treibhaus, Bäckerei) werden ebenso genannt wie des Öfteren die gute öffentliche Förderung.

»Oft liegen in kleinen, neuen Ideen und in Projekten, die noch in den Kinderschuhen stecken, die innovativsten Möglichkeiten [...]. Wenn man nicht vergisst, gerade auch solch kleinen, innovativen Projekten zur Geburt zu verhelfen, können daraus oft die stärksten Pfeiler einer lebendig bleibenden Kulturlandschaft werden. Ich denke dabei auch an die qualitativ immer anspruchsvolleren, kleinen Anfänge von Kulturveranstaltern, wie der Galerie St. Barbara in den 70er Jahren, oder dem Architekturforum/aut oder den Klangspuren Schwaz, aus denen sich tragende Bereiche des Tiroler Kunst- und Kulturlebens entwickelt haben, die dann auch so wichtig für die Entwicklung der eigenen künstlerischen Auseinandersetzung werden oder geworden sind.«

6. Wo sehen Sie die Schwächen in der Tiroler Kulturveranstaltungslandschaft?

Wiederholt kommen hier das Fehlen von »Zeitgenössischem«, von Möglichkeiten zur Innovation und die Umverteilungsproblematik der öffentlichen Förderungen (Großveranstaltungen, Prekariat im innovativen Bereich, Spartenungleichheit) zur Sprache. Kritisiert wird, »wenn die Subventionsgeber selbst veranstalten«, fehlende Schwerpunktsetzungen, die Konzentration auf die Zentren und fehlende Möglichkeiten für PR von Nachwuchskünstlern, Quereinsteigern und kleineren Veranstaltungen.

»Es gibt sie kaum – und sie haben kaum Bedeutung. Dazu kommt die Abnei-
gung gegen gemeinsames Vorgehen, Stichwort Solidarität.«

»Zu viel Kommerz«

»Zu wenig kosmopolitisch«

»Zu wenig Verankerung in der Mitte der Tiroler Gesellschaft; viel zu wenig
Förderungen von Seiten der Privatwirtschaft für zeitgenössische Kunst im Verhältnis zum Wohlstand der Tiroler Gesellschaft«

Zusammenfassung der Befragung der Kunstschaffenden

Über den direkten Bezug zu den Fragen hinaus spiegelt die Umfrage
wider, dass der Kulturbetrieb meist als Gesamtes gedacht wird und
festivaleske Veranstaltungen keine gesonderte Rolle in der Wahrnehmung spielen. Deshalb vermischten sich in den Antworten die Bezüge
auf fixe Kultureinrichtungen und Jahresprogramme mit periodischen
Veranstaltungen. In der Interpretation der offenen Fragen wurde dies
vorsichtig berücksichtigt bzw. transparent gemacht. Zugleich wirft dies
die Frage auf, ob die geringe Wahrnehmung von künstlerisch-
kulturellen Veranstaltungen aus der Perspektive der Kunstschaffenden
eine geringe Bedeutung der Tiroler Kulturveranstaltungen als »Sites of
Passage« widerspiegelt. Diese Interpretation deckt sich mit der typologischen Zuordnung, dass Diskursstiftung im Sinne von Auseinandersetzung mit der Region – vielleicht als Erbe der Tiroler Dichotomie –,
und ästhetische Bildungsarbeit als Auftrag in der Peripherie über (internationale) High-End-Veranstaltungen die Identität der Tiroler Festi-
vallandschaft prägen.

Aussagekräftig ist die Beobachtung, dass, obschon die Fragen keinen expliziten Bezug zur Kulturpolitik herstellten, kulturpolitisches
Agieren ein durchgehendes Motiv in den Antworten darstellt. Nur eine
einzige explizite Forderung bezüglich höherem kulturellen Engagement wurde gegenüber der Privatwirtschaft geäußert. Auch der produzierende Charakter von Festivals wird kaum erwähnt, weder negativ
noch positiv.

Wo direkt auf Kulturveranstaltungen Bezug genommen wird, sind
es in herausragendem Maße die Klangspuren Schwaz, die genannt

werden. Sie erfüllen nicht nur im Spiegel der Umfrage, sondern auch aus ihren typologischen Merkmalen heraus einen Großteil der Charakteristik von »Sites of Passage«: Sie bauen die Brücke zwischen Regionalität und Internationalität, sind in spartenbezogene Netzwerke eingebunden, kommen dem produzierenden Charakter nach, geben Kunstwerke weiter, stellen spartenbezogene Diskurse her und haben ein außergewöhnliches Konzept für Kulturvermittlung entwickelt. Dass andere Veranstaltungen, welche ebenfalls in hohem Maße die Charakteristika von »Sites of Passage« erfüllen, nicht genannt wurden, kann auf mehrere Umstände zurückgeführt werden. Dazu zählt besonders die Erreichbarkeit von Kunstschaffenden für die Umfrage, was mit dem gewählten Kanal Interessenvertretungen zu tun haben kann. Veranstaltungen wie artacts in St. Johann und die Arlberger Kulturtage in St. Anton, welche auch Auftragsarbeiten vergeben, haben offensichtlich einen schwierigeren Standort für die Wahrnehmung als jene in Innsbruck, Hall in Tirol und Schwaz. Es gibt also graduelle Unterschiede der »Peripherie«. Zugleich wurden das Osterfestival Tirol und Sprachsalz, die beide in Hall bzw. auch in Innsbruck stattfinden und somit in jenen Regionen, die am meisten wahrgenommen wurden, nur selten angeführt. Sowohl Sprachsalz als auch das Osterfestival Tirol erfüllen zahlreiche Charakteristika von »Sites of Passage« und sind in ihrer Ausrichtung jenem Modus verhaftet, den Bernhard Kathan grundsätzlich von Kulturarbeit am Land einfordert: Sie schaffen Internationalität im großen Stil für eine Peripherie, kopieren dabei aber nicht die Kulturarbeit in den Metropolen.

INTERPRETATIVE ZUSAMMENFASSUNG DER STUDIENERGEBNISSE FÜR TIROL

Die Kontextualisierung der Tiroler Kulturveranstaltungslandschaft ermöglichte einen breiteren Einblick in künstlerisch-kulturelle Veranstaltungen als »Sites of Passage« oder »Zivilisationsagenturen«. Ziel dieser Einbettung war dabei die allgemeine Frage nach Herkunft und Potenzial des Formats, woraus sich die Perspektive auf die Besonderheiten in Tirol ergab. Diese Besonderheiten werden von kulturpolitischem
und zivilgesellschaftlichem Agieren flankiert und weisen eine Polarisierung zwischen traditionellen und zeitgenössischen Kulturbegriffen
auf. Diese war besonders ausgeprägt von den Nachkriegsjahren bis in
die 1980er Jahre. In den 1990er und 2000er Jahren, als neue Kulturveranstaltungen entstanden, äußerte sich diese Polarisierung, die als Tiroler Dichotomie bezeichnet werden kann, punktuell am Beispiel der
Villgrater Kulturwiese. Generell herrscht heute die Tendenz zu vielen
sehr unterschiedlichen Kulturveranstaltungen, die sich zwischen den
Polen High End und »Sites of Passage« bewegen. Dies kann als Ausgewogenheit im Angebot interpretiert werden, offen bleiben jedoch die
Fragen nach der Ausgewogenheit in der öffentlichen Förderung sowie
nach der Sinnhaftigkeit einer vorsichtigen Strukturierung zur Stärkung
der Kulturveranstaltungslandschaft. High-End-Veranstaltungen werden
tendenziell eher von Gebietskörperschaften veranstaltet sowie, im Falle
von Musik im Riesen, von einem Großunternehmen aus kulturellem
Engagement. Die Ausweitung des Spektrums der Anbieter spiegelt im
Falle von »Kufstein unlimited« durch die Volksbank Kufstein-
Kitzbühel die Tendenz der Verflüssigung zwischen Kulturarbeit und
Kulturangebot als ökonomischem Katalysator wider. »Sites of Passa-
ge« mit prägenden Anteilen von Kulturvermittlung, Diskursivität und
Kunstproduktion werden tendenziell eher von privatrechtlich-
gemeinnützigen Anbietern ausgerichtet. Das Best-Practice-Beispiel
Klangspuren Schwaz vereint dabei den kulturpolitischen Willen der
Stadtregierung Schwaz mit Fachkompetenz und Innovationsfreude. Die
Stadt Schwaz setzt dabei auf strategische Vielfalt, indem neben einer

schwierigen Sparte wie der zeitgenössischen Musik auch der Arbeit der regionalen Vereine mit dem Schwazer Silbersommer Raum geboten wird. 1999 erschien anlässlich von hundert Jahren Stadterhebung mit »Schwaz. Der Weg einer Stadt« eine umfassend recherchierte Stadtgeschichte, welche die Jahre des Nationalsozialismus ebenso umfasst wie die Bedeutung kulturbetrieblicher Einrichtungen.

Die Recherche der empirischen Daten wurde erheblich durch zwei Umstände erschwert: Zum einen können Auskünfte zu Geschichte und Trägerschaft von Tiroler Kulturveranstaltungen selbst von aktiv Beteiligten nicht immer klar erteilt werden. Zum anderen stellte die Erreichbarkeit von Kunstschaffenden für die Umfrage ein Problem dar. Fehlendes Begriffsverständnis von kuratorischem Arbeiten oder vom produzierenden Charakter von Festivals seitens der Veranstalter wie Förderer wies darauf hin, dass es kein vorauszusetzendes Verständnis bezüglich potenter Organisationsstrukturen oder einer standardisierten Professionalität von künstlerisch-kulturellen Veranstaltungen gibt. Seitens der Veranstalter mögen wohl auch fehlende Ressourcen dafür verantwortlich sein, dass Selbstdarstellungskanäle, wie sie Homepages ermöglichen, nicht grundsätzlich zur Darstellung von Entstehung, Intention und Trägerschaft genützt werden. Nur wenige Homepages informieren über ihre Netzwerke und den geschichtlichen Hintergrund ihrer Veranstaltungen. Vielfach entstand der Eindruck, dass die Geschichte einzelner Veranstaltungen kaum für die eigene Identität genutzt wird, was besonders in Zeiten der Umstrukturierung von besonderem Interesse sein kann. Da es zudem keine publizistische Tradition zu Festivals über Programmbücher hinaus gibt, geht die Nachwelt wesentlicher Aspekte der kulturellen Erinnerung verlustig, wie sie auch Kulturveranstaltungen herstellen. Wo Veranstaltungen beforscht wurden, wie etwa in der minutiösen Aufarbeitung der Österreichischen Jugendkulturwochen (vgl. Riccabona et al. 2006) oder in der essayistischen Erinnerung an Johannes E. Trojer im Zusammenhang mit der Villgrater Kulturwiese (vgl. Kathan 2012a,b), tritt der gesellschaftspolitische und kulturgeschichtliche Wert solcher Erhebungen hervor.

Mehrere weiterführende Forschungsbereiche eröffnen sich: Im historischen Zusammenhang fehlen kritische Zugänge zur kulturpolitischen
Kontinuität bzw. zum Bruch mit dem Nationalsozialismus besonders in
den Nachkriegsjahren. Bezüglich der Situation der Kunstschaffenden
wäre eine tiefer gehende Erhebung notwendig, wie sich Kunstschaffende, Publikum und künstlerisch-kulturelle Veranstaltungen in Tirol
zueinander verhalten. Auch die Rolle der regionalen, nationalen und
internationalen Berichterstattung könnte vertiefte Erkenntnisse über die
Potenziale und Wirkungsbereiche der Tiroler Veranstaltungen eröffnen. Die diskursstiftende Funktion von Kulturjournalismus als Unterstützung von »Sites of Passage« bedarf einer kritischen Analyse. Neben seiner Rolle als Berichterstatter wurde der ORF wiederkehrend als
Förderer und Ermöglicher für innovative Kulturveranstaltungen bis in
die 1980er Jahre ausgewiesen. Hier wäre Quellen- und Grundlagenfor-
schung wünschenswert, um etwa die Entwicklung des öffentlich-
rechtlichen Senders in diesem Bereich zu analysieren und seinen historischen wie gegenwärtigen Beitrag erfassen zu können. Schließlich
sollte man unter dem Aspekt der »kulturellen Vielfalt« untersuchen, ob
Innsbruck eine Entwicklung wie Linz anstreben soll und unter welchen
Vorzeichen dies wünschenswert sein könnte oder nicht. Dazu wäre eine weiterführende Analyse der Fördersysteme – der kulturpolitischen
ebenso wie der privaten – hinsichtlich ihrer Vorgaben und Wirkungen
unterstützend.

Für die Regionen des Landes Tirol ergeben sich die Herausforderungen noch differenzierter als für die Landeshauptstadt, die
naheliegenderweise die dichteste kulturelle und festivaleske Infrastruktur beherbergt. Initiativen wie Stummer Schrei (Zillertal), DIVA
(Zillertal) und artacts (St. Johann) bewegen sich an der Schnittstelle
zwischen Angeboten für die Bevölkerung und Touristen, wobei die
Frage der Anordnung des angesprochenen Zielpublikums – Touristen
und Einheimische oder Einheimische und Touristen – ausschlaggebend
dafür ist, ob eine festivaleske Veranstaltung auch die Funktion von
»Sites of Passage« erfüllt. In den drei genannten Fällen wird das einheimische Publikum vor dem touristischen angesprochen. Daraus ent-

stehen möglicherweise authentische soziokulturelle Konzepte von glokalisierten Räumen. Denn als glokalisierter Raum steht Tirol besonders unter dem Einfluss des Tourismus, der als Haupteinnahmequelle fungiert.

Zusammenfassung und Ausblick

Ausgegangen wurde von der These, dass festivaleske Kulturveranstaltungen innerhalb des Kulturbetriebs eine besondere Aufgabe erfüllen, indem sie einen inszenierten Ausnahmezustand, Aufmerksamkeitsdichte und weiträumige Netzwerkstrukturen herstellen. Durch diese Besonderheiten sind sie weniger von den Dynamiken eines nationalen Marktes abhängig und unterstützen in hohem Maße die Weiterentwicklung von künstlerischen Formensprachen und gesellschaftspolitischen Diskursen. Die geschichtliche Entwicklung ab der ästhetischen Moderne zeigt, dass die ersten künstlerisch-kulturellen Veranstaltungen von Kunstschaffenden genau mit diesen Motiven initiiert wurden und im Laufe des 20. Jahrhunderts eine dahingehende Differenzierung verstärkt stattgefunden hat. Mit dem Konzept der »Sites of Passage« nach Marijke de Valck konnte die Besonderheit von festivalesken Veranstaltungen theoretisch vertieft werden: Festivals erweisen sich als neuralgische Schaltstellen und ermöglichen in unterschiedlich intensiver Ausprägung Übergangsprozesse als eine Art Initiation von der Produktion zur Rezeption. Aufgrund der Technologisierung, der nach Innovation drängenden Formsprachen der Moderne und der zunehmenden Differenzierung des Festivalbetriebs in Angebot, Organisation, Intention und den entstehenden Netzwerkstrukturen ab Mitte des 20. Jahrhunderts konnten Aufgaben identifiziert werden, die besonders Festivals als »Sites of Passage« zufallen: ein direkter produzierender Charakter durch Auftragsarbeiten und ein indirekter durch Wettbewerbe. Durch beide Formen werden künstlerische Diskurse initiiert, Festivals leisten dadurch einen Beitrag zur ständigen Weiterentwicklung der ästhetischen Kultur nach Barry und Gail Dexter Lord (Lord 2010). Zugleich wirken Festivals in zweifacher Hinsicht auf das Weiterleben einzelner Kunstwerke ein: zum einen durch ihre komplementäre Marktfunktion besonders im Bereich der reproduzierbaren und bildenden Künste, wenn Werke durch Ankäufe Aufnahme in nationale Territorien finden; zum anderen bieten die Netzwerkstrukturen, wie sie nach dem Zweiten Weltkrieg nach und nach entstanden, in Form von »Circuits« globale Szenarien und schaffen alternative Angebote zu den innerhalb von nationalen Territorien bestehenden. Diese relative Losgelöstheit von nationalen Märkten ist vor allem dann sinnstiftend, wenn die Intention des Festivals das Durchbrechen von Seh-, Hör- und Erlebensgewohnheiten impliziert, um Experiment sowie künstlerische Innovation zu ermöglichen, also einen Laborcharakter bedient. Solche Festivaltypen beziehen ihr Selbstverständnis stark aus den Dynamiken des jeweiligen Kunstbereichs und seiner Entwicklungen und zeichnen sich oft dadurch aus, dass sie Uraufführungen anbieten oder besonders viele Werke in Auftrag geben. Einflüsse durch dominante Stakeholder oder hegemoniale Kulturbegriffe können durch Fallstudien identifiziert werden, wobei neue Ansätze aus der Kulturvermittlungsforschung der Institutionskritik einen prominenten Stellenwert einräumen (vgl. Mörsch 2011).

Die ab den 1980er und 1990er Jahren einsetzende Ausbreitung von unterschiedlichsten Formaten, die festivalesken Charakter haben oder sich diesen selbst zuschreiben, wird der Festivalbetrieb zunehmend komplex. Innerhalb des Festivalbetriebs entstanden in den unterschiedlichen Sparten Hierarchien, zum Teil mitgestaltet von übergeordneten Dachverbänden. Diese Hierarchien können positiv als Katalysatoren von maximaler Aufmerksamkeitsdichte interpretiert werden und negativ in der institutionellen Autorität, durch die etablierte Festivals in die Normenbildung von Kulturbegriffen und Ausdrucksformen hineinwirken. Thematische oder geopolitische Festivals stellen deshalb oft einen kritischen Diskurs innerhalb des Festivalbetriebs her, markieren aber zugleich in einer dialektischen Dynamik die gezeigten Werke durch ihre spezifischen Kontextualisierungen und weniger durch die Betonung ästhetischer Sprachen.

Um die diversen Aufgaben, Seinsweisen und Potenziale von künstlerisch-kulturellen Veranstaltungen zu identifizieren, wurde ein typologisches Modell erstellt. Faktoren wie der produzierende Charakter, die kuratorische Auswahl und Gestaltung sowie die Unterstützung von Diskursstiftung sollen graduelle Unterschiede von künstlerisch-kulturellen Veranstaltungen darstellbar machen und in der Folge Einordnungen ermöglichen. Diese Einordnungen versteht sich nicht wertend, sondern beschreibend und sollen die Entwicklung von kulturmanagerialen Entscheidungskriterien unterstützen, wenn neue Festivals konzipiert oder bestehende verändert werden.

Neben Finanzierungsstrukturen und kulturpolitischen Ausrichtungen als wesentliche Rahmenbedingungen haben sich die Fragen nach dem regionalen Umfeld einer Veranstaltung sowie jene nach den Initiatoren als fruchtbringend erwiesen. Letztere agierten besonders in der Anfangszeit wegweisend, als die künstlerisch-kulturellen Veranstaltungen in Bayreuth, Venedig und Donaueschingen gegründet wurden und Kunstschaffende auf der Suche nach neuen Möglichkeiten für Experiment und »Horizontwandel« (Jauß 1967) waren. Sie fühlten sich eingeengt von Rezeptionsgewohnheiten des Publikums und vom Repertoirebetrieb in den Städten, weshalb sie in periphere Regionen auswichen. Heute, im Zeitalter der Globalisierung und Glokalisierung, stellt sich die Frage nach Zentrum und Peripherie unter anderen Vorzeichen. Festivals mit einer starken Identität als »Sites of Passage« wie die Filmfestspiele in Cannes oder die documenta in Kassel, sind mit dieser Frage auf einer globalen Ebene konfrontiert, da sie eine hohe internationale Strahlkraft haben. Eine große Anzahl von Festivals hingegen ist gespalten zwischen den Aufgaben, einerseits globale Tendenzen zu zeigen und zu fördern, andererseits auf regionale Verankerung zu achten. Die Bedeutung der Netzwerkstrukturen wird eventuell noch zu wenig ausgeschöpft und sicher zu wenig als Quelle offengelegt. Eine gängige Form der Zusammenarbeit für den produzierenden Charakter stellen etwa Koproduktionen im Bereich der darstellenden Künste dar, aber auch jede Form des Wissenstransfers und Austausches hinter den Kulissen. Netzwerkstrukturen ermöglichen in ihren unterschiedlichen Daseinsformen eine Art »dritten Raum«.

Die Schnittstellenposition von künstlerisch-kulturellen Veranstaltungen in ihren unterschiedlichen Ausprägungen von »Sites of Passage« bis zu High-End ermöglichte es zugleich, die Wechselseitigkeit von Veranstaltungs-, Gesellschafts- und Kunstgeschichte zu betrachten. Dies wurde am Fallbeispiel Tirol (Österreich) unternommen, wo sich die Dichotomie zwischen Traditionskultur und Moderne als prägendes Element nach Kriegsende bis in die späten 1980er Jahre herauskristallisierte. In den vergangenen zwei Jahrzehnten wuchs eine auf den ersten Blick vielfältige Kulturveranstaltungslandschaft, die jedoch eine hohe Konzentration auf die Sparten Musik und Darstellende Künste aufweist. Einige Festivals konnten als »Sites of Passage« eingeordnet werden, wobei sich der Sinn dieses theoretischen Konzepts in Richtung regionale Diskursstiftung verschob und die Tiroler Kulturveranstaltungslandschaft mit Ausnahme der Klangspuren Schwaz für einen Beitrag über die Region hinaus eine untergeordnete Rolle spielt. Die Online-Befragung von Kunstschaffenden, die in Tirol leben oder aus Tirol stammen, spiegelte, dass diese nur wenige Kulturveranstaltungen als produzierend, als Plattformen für Nachwuchs oder als Teil der internationalen »Circuits« erleben.

Vor den zahlreichen Herausforderungen, mit denen der Kulturbetrieb im Allgemeinen durch verändertes Rezeptionsverhalten im Zuge der digitalen Revolution, durch Legitimierungs- und Ökonomisierungszwänge oder durch die Ausweitung im Feld der Anbieter konfrontiert ist, scheint es sinnvoll, die Potenziale künstlerisch-kultureller Veranstaltungen zu reflektieren und in ihren spezifischen Rollen zu stärken. Eine vertiefte Erforschung ihrer historischen Entstehung, ihrer Aufgaben und ihrer erfolgreichen, permanenten Erneuerung entlang gesellschaftlicher und politischer Veränderungen ermöglicht es, Festivals mit

Biografien zu versehen, ihre Identität und Potenziale zu erkennen, um die relevanten gegenwärtigen Fragen auf einer breiten Basis zu betrachten. Künstlerisch-kulturelle Veranstaltungen agieren traditionell als Kunstproduzenten, als einflussreiche Schaltstellen für Kunstvermittlung und Kulturbegriffsbildung auf regionalen, nationalen und globalen Ebenen und wirken schließlich als inszenierte Zeit-Räume für gesellschaftliche Diskurse vor Ort. Dies und ihre Bedeutung als Plattformen für die Weiterentwicklung von künstlerischen Sprachen durch Netzwerkstrukturen können als sinnstiftende Kriterien der Evaluation und Konzeptionierung abseits ökonomischer Bewertungen vermehrt ins Bewusstsein geholt werden, um die Potenziale festivalesker Veranstaltungen als »Zivilisationsagenturen« im Sinne kreativer und pluralistischer Prozesse zu gestalten. Im Idealfall sind künstlerisch-kulturelle Veranstaltungen angewandte Poesie.

Literatur

Assmann, Aleida (2008): Einführung in die Kulturwissenschaft, Berlin: Erich Schmidt Verlag.

Bässler, Roland (2009): Qualitative Forschungsmethoden. Leitfaden zur Planung und Durchführung qualitativer empirischer Forschungsarbeiten, Wien: RB Research- & Consulting Verlag.

Beimrohr, Wilfried (2004): »Entnazifizierung in Tirol«, in: Walter Schuster/Wolfgang Weber (Hg.): Entnazifizierung im regionalen Vergleich, Linz: Archiv der Stadt Linz, S. 97-117.

Benjamin, Walter (1977 [1936], dt. 1955): Das Kunstwerk im Zeitalter seiner technischen Reproduzierbarkeit, Frankfurt am Main: Edition Suhrkamp.

Bhabha, Homi (2000): Die Verortung der Kultur, Tübingen: Stauffenberg-Verlag.

Birnkraut, Gesa (2011): Evaluation im Kulturbetrieb, Wiesbaden: VS Verlag.

Bundesministerium für Unterricht, Kunst und Kultur (Hg.) (2011): Kunstbericht 2011, PDF-Download auf www.bmukk.gv.at/medienpool/22723/kunstbericht2011.pdf [1.7.2013]

Buñuel, Luis (1983): Mi último suspiro, Bertelsmann: México D.F.

Bunz, Mercedes (2012): Die stille Revolution, Berlin: Suhrkamp Verlag.

Burger, Peter (1974): Theorie der Avantgarde, Frankfurt am Main: Edition Suhrkamp.

Costa, Othmar (o.J.): »Die Musikpflege in Tirol während der letzten zehn Jahre«, in: Christoph Mader (Hg.): Tiroler Kulturbilanz 1970-

1980, Innsbruck: Amt der Tiroler Landesregierung, Kulturabteilung, S. 84.

Costa, Othmar (1994): »Gottfried Hohenauer und die Jugendkultur«, in: Hörmann, Magdalena (Red.): Kultur der Fünfziger Jahre in Tirol. Erinnerungen an Gottfried Hohenauer, Innsbruck: Tiroler Künstlerschaft, S. 18-23.

Crary, Jonathan (1996 [1990]): Techniken des Betrachtens. Sehen und Moderne im 19. Jahrhundert, Dresden/Basel: Verlag der Kunst.

Crary, Jonathan (2002 [1999]): Aufmerksamkeit. Wahrnehmung und moderne Kultur, Frankfurt am Main: Suhrkamp Verlag.

Darbis, Mahnola (2011): »What you see is what you get«, in: New York Times, 8.7.2011.

de Greef, Hugo (2006): »Introduction: From ›Il reste tant à faire‹ to ›In the hierarchy of values the cultural ones range above the economic ones‹«, in: EFA – European Festival Association (Hg.): Still so much to be done: Challenges for Culture in Europe, o.O.: o.V., S. 13-36.

de Rougemont, Denis (1975): »Dreißig Jahre kulturelle Entwicklung in Europa – Vorschläge zu einer europäischen Kulturpolitik«, in: Bundesministerium für Wissenschaft und Forschung (Hg.): Idee und Wirklichkeit. Dreißig Jahre Europäisches Forum Alpbach, Wien/New York: Springer Verlag, S. 77-87.

de Valck, Marijke (2007): Film Festivals: From European Geopolitics to Global Cinephilia, Amsterdam: Amsterdam University Press.

Dissanayake, Wimal (2004): »Globalization and the Experience of Culture: The Resilience of Nationhood«, in: Natascha Gentz/Stefan Kramer (Hg.): Globalization, cultural identies, and media, New York: State University of New York Press, S. 25-44.

EFA – European Festival Association (Hg.) (2006): Still so much to be done: Challenges for Culture in Europe, o.O.: o.V.

Elfert, Jennifer (2009): Theaterfestivals. Geschichte und Kritik eines kulturellen Organisationsmodells. Bielefeld: transcript Verlag.

Engelbrecht, Arthur (2013):»Der Kurator als Marke«, Vortrag, 7. Jahrestagung Fachverband Kulturmanagement, Universität Potsdam, 17.-19.1.2013.,

Eue, Ralph/Gass, Henrik Lars/Hesse, Alexandra (2012): Provokation der Wirklichkeit. 50 Jahre Oberhausener Manifest. Das Wiener Symposium, Wien: Synema – Gesellschaft für Film und Medien.

Fleck, Robert (2012): Die Biennale von Venedig. Eine Geschichte des 20. Jahrhunderts, Hamburg: Philo Fine Arts.

Fleischer, Sebastian (2012):»Festspiele als ›Zivilisationsagenturen‹?« Online auf http://oe1.orf.at/artikel/312283 [7.8.2012].

Foucault, Michel (1978): Dispositive der Macht. Über Sexualität, Wissen und Wahrheit, Berlin: Merve Verlag.

Gallup, Stephen (1989): Die Geschichte der Salzburger Festspiele, Wien: Orac Buch- und Zeitschriftenverlag.

Gostmann, Peter (2010):»Inklusive Melancholie, planvolle Befütterung und das unstete Glück der Rhizome. Performances von Europa im Feld des Kulturtourismus«, in: Karlheinz Wöhler/ Andreas Pott/Vera Dezner (Hg.): TourismusRäume. Zur soziokulturellen Konstruktion eines globalen Phänomens, Bielefeld: transcript Verlag, S. 107-125.

Gurschler, Susanne (2012): Feuer und Flamme, in: Echo – Tirols erste Nachrichtenillustrierte, Innsbruck: Echoverlag, 09/2012, S. 44-49.

Haus der Kunst (Hg.) (2012/13): Begleitheft zur Ausstellung „Geschichten im Konflikt" (10.6.2012-13.1.2013), München: Haus der Kunst.

Hauser, Arnold (1988): Kunst und Gesellschaft, München: Deutscher Taschenbuch Verlag.

Heinrichs, Werner (1999): Kulturmanagement. Eine praxisorientierte Einführung, Darmstadt: Primus Verlag.

Hirn, Sieglinde (1987): Tiroler Künstlerschaft 1946-1987, Innsbruck: Tiroler Künstlerschaft.

Hoffmann, Hilmar (1979): Kultur für alle, Frankfurt am Main: S. Fischer Verlag.

Hohenauer, Andreas (1994): »Gottfried Hohenauer und die Tiroler Kultur – Ein Lebensbild«, in: Magdalena Hörmann (Red.): Kultur der Fünfziger Jahre in Tirol. Erinnerungen an Gottfried Hohenauer, Innsbruck: Tiroler Künstlerschaft, S. 11-17.

Hohenberger, Eva (1988): Die Wirklichkeit des Films. Dokumentarfilm. Ethnographischer Film. Jean Rouch. (Studien zur Filmgeschichte Bd. 5), Hildesheim/Zürich/New York: Georg Olms Verlag 1988.

Holzer, Stefanie/Klier, Walter (2004): »Kulturpolitik«, in: Ferdinand Karlhofer/Anton Pelinka (Hg.): Politik in Tirol, Innsbruck: StudienVerlag, S. 209-226.

Holzner, Johann (1984): Franz Kranewitter. Provinzliteratur zwischen Kulturkampf und Nationalsozialismus, Innsbruck: Habilschrift.

Horkheimer, Max/Adorno, Theodor W. (2004 [1947]): »Kulturindustrie. Aufklärung als Massenbetrug«, in: Max Horkheimer/Theodor W. Adorno: Dialektik der Aufklärung. Philosophische Fragmente, Frankfurt am Main: Fischer Taschenbuch Verlag, S. 128-177.

Hörmann, Magdalena (Red.) (1994): Kultur der Fünfziger Jahre in Tirol. Erinnerungen an Gottfried Hohenauer, Innsbruck: Tiroler Künstlerschaft.

Huntington, Samuel (1996): Der Kampf der Kulturen. Die Neugestaltung der Weltpolitik im 21. Jahrhundert = The clash of civilizations, München/Wien: Europaverlag.

Janke, Pia (2010): Politische Massenfestspiele in Österreich zwischen 1918 und 1938, Wien: Böhlau Verlag.

Jauß, Hans-Robert (1975 [1967]): »Literaturgeschichte als Provokation der Literaturwissenschaft", in: Rainer Warning (Hg.): Rezeptionsästhetik. Theorie und Praxis, München: UTB Wilhelm Fink Verlag, S. 126-163.

Jelcic, Ivona (2013): »In den Archiven schlummerte noch einiges«, Tiroler Tageszeitung, online auf http://194.232.15.121/%C3%9Cberblick/Kultur/6267450-6/in-den-archiven-schlummerte-noch-einiges.csp, [26.6.2013].

Kaspar, Robert (2013, forthcoming): The Dimension of Event Management, in: John Beech/Sebastian Kaiser/Robert Kaspar (Hg.): The Business of Event Management, Harlow: Pearson.

Kathan, Bernhard (2012a): Johannes E. Trojer. Dorferhebungen, o.O.: Hidden Museum.

Kathan, Bernhard (2012b): »Weltoffene Heimatliebe«, Wiener Zeitung Online Ausgabe auf http://www.wienerzeitung.at/themen_channel/wz_reflexionen/vermessungen/483518_Weltoffene-Heimatliebe.html [31.8.2012].

Kaufmann, Paul (Hg.) (1977): 10 Jahre Steirischer Herbst (eine Bilanz), Wien: Mundus Verlag.

Kaufmann, Paul (Hg.) (1988): 20 Jahre Steirischer Herbst (eine Dokumentation 1968-1988), Wien: Zsolnay Verlag.

Kerlen, Dietrich (2003): Einführung in die Medienkunde, Stuttgart: Reclam.

Kimpel, Harald (2002): documenta. Die Überschau, Köln: Du Mont.

Klein, Armin (2008): Der exzellente Kulturbetrieb, Wiesbaden: VS Verlag.

Kleinhans, Bernd (2003): Ein Volk, ein Reich, ein Kino: Lichtspiele in der braunen Provinz, Köln: PappyRosa Verlag.

Knapp, Marion (2005): Österreichische Kulturpolitik und das Bild der Kulturnation. Kontinuität und Diskontinuität in der Kulturpolitik des Bundes seit 1945,Wien: Peter Lang Verlag.

Kofler, Martin/Führhapter, Ingrid (2011): Konfliktfelder im Osttiroler Villgratental. Innsbrucker Diskussionspapiere zu Politik, Religion und Kunst/Kunst und Kultur als politisches Konfliktpotential, Innsbruck: o.V.

Krasny, Elke (1996): »Zukunft ohne Ende – das Unternehmen Weltausstellung«, in: Felderer, Brigitte (Hg.): Wunschmaschine Welterfindung – Eine Geschichte der Technikvisionen seit dem 18. Jahrhundert, Wien: Springer-Verlag.

Kretschmer, Winfried (1999): Geschichte der Weltausstellungen, Frankfurt am Main: Campus Verlag.

Leopoldseder, Hannes (Hg.) (2004): Ars Electronica 1979-2004. The network for art, technology and society: the first 25 years = 25 Jahre Netzwerk für Kunst, Technologie und Gesellschaft, Ostfildern: Hatje Cantz.

Leopoldseder, Hannes (Hg.) (2011): origin. wie alles beginnt [31.8.-6.9.2011, Ars Electronica Linz], Ostfildern: Hatje Cantz.

Lewinski, Wolf Eberhard von (o.J.): »Innsbruck als europäisches Zentrum der neuen Musik«, in: Christoph Mader (Hg.): Tiroler Kulturbilanz 1970-1980, Innsbruck: Amt der Tiroler Landesregierung, Kulturabteilung, S. 86.

Lord, Barry/Dexter Lord, Gail (2010): Artists, Patrons and the public. Why Culture Changes, Lanham: AltaMira Press.

Mader, Christoph (Hg.) (o.J.): Tiroler Kulturbilanz 1970-1980, Innsbruck: Amt der Tiroler Landesregierung, Kulturabteilung.

Marchart, Oliver (2012): »Die Ironie der Biennalisierung« auf www.linksnet.de/de/artikel/28214 [20.5.2013].

Mazza, Carmelo/Strandgaard Pedersen, Jesper (2008): Who's Last? Challenges and Advantages for Late Adopters in the International Film Festival Field, PDF-Download auf www.filmfestivalsummit. com/PDF/IFF%20challenges.pdf [27.12.2012].

Meller, Milena (2006): »Die ersten Jahre der Musik«, in: Christine Riccabona/Erika Wimmer/Milena Meller: die österreichischen jugendkulturwochen 1950-1969 in innsbruck, Innsbruck: Studien-Verlag, S. 81-197.

Mitterer, Felix (1991): 10 Jahre Tiroler Volksschauspiele Telfs. Eine Chronik von Felix Mitterer mit zahlreichen Fotos, Innsbruck: Haymon-Verlag.

Mokre, Monika (2005): »Kann und soll ein demokratischer Staat Kunst fördern?«, in: Tasos Zembylas/Peter Tschmuck (Hg.): Der Staat als kulturfördernde Instanz, Innsbruck: StudienVerlag.

Morgner, Christian (2012): »The Biennial: The Practice of Selection in a Global Art World«, Vortrag am 7.9.2012 (Universität für Musik und Darstellende Kunst, Wien), Abstract in: 7th Conference of the

European Research Network/University of Music and Performing Arts (Hg.): Book of Abstracts, S. 127-128.

Mörsch, Carmen (2009): Kunstvermittlung 1 Arbeit mit dem Publikum, Öffnung der Institution. Formate und Methoden der Kunstvermittlung auf der documenta 12, Berlin: diaphanes.

Mörsch Carmen (2009): Kunstvermittlung 2 Zwischen kritischer Praxis und Dienstleistung auf der documenta 12. Ergebnisse eines Forschungsprojekts, Berlin: diaphanes.

Nauck, Gisela (2002): »Festivals neuer Musik. Veränderungen einer Veranstaltungskultur«, in: Gisela Nauck (Hg.): Positionen. Beiträge zur Neuen Musik (Zeitschrift für neue, experimentelle und grenzüberschreitende Musik), Nr. 52, Mühlenbeck: Positionen Verlag, S. 2-9.

Plattner, Irmgard (1999): »Kultur und Kulturpolitik«, in: Michael Gehler (Hg.): Tirol. Land im Gebirge, Wien: Böhlau Verlag, S. 223-312.

Pomian, Krysztof (1998): Der Ursprung des Museums. Vom Sammeln, Berlin: Wagenbach.

Poschardt, Ulf (1997): DJ culture, Reinbek bei Hamburg: Rowohlt.

Prenksy, Marc (2001): »Digital Natives, Digital Immigrants«, in: On the Horizon (MCB University Press, Vol. 9 No. 5, October 2001), Download auf http://www.marcprensky.com/writing [3.1.2012].

Reynolds, Simon (2012): Retromania. Warum Pop nicht von seiner Vergangenheit lassen kann, Mainz: Ventil Verlag.

Riccabona, Christine (2006): »Zur Entstehung der Österreichischen Jugendkulturwochen«, in: Christine Riccabona/Erika Wimmer/ Milena Meller: die österreichischen jugendkulturwochen 1950-1969 in innsbruck, Innsbruck: StudienVerlag, S. 9-19.

Riccabona, Christine (2006): »Veränderungen – Literatur der 1960er Jahre«, in: Christine Riccabona/Erika Wimmer/Milena Meller: die österreichischen jugendkulturwochen 1950-1969 in innsbruck, Innsbruck: StudienVerlag, S. 181-225.

Riccabona, Christine/Wimmer, Erika/Meller, Milena (2006): die öster-reichischen jugendkulturwochen 1950-1969 in innsbruck, Innsbruck: StudienVerlag.

Robertson, Roland (1998): »Glokalisierung. Homogenität und Hetero-genität in Raum und Zeit«, in: Ulrich Beck (Hg.): Perspektiven der Weltgesellschaft, Frankfurt am Main: Suhrkamp Verlag, S. 192-221.

Rögl, Heinz (1998): Kultur-Politik: Kulturverwaltung in Österreich, Wien: Österreichische Kulturdokumentation, Internationales Ar-chiv für Kulturanalysen.

Rosendorfer, Herbert (o.J.): »Provinz«, in: Christoph Mader (Hg.): Ti-roler Kulturbilanz 1970-1980, Innsbruck: Amt der Tiroler Landes-regierung, Kulturabteilung, S. 57.

Stadt Innsbruck (Hg.) (1984): Innsbrucker Nachrichten, Innsbruck: Stadt Innsbruck, 18.7.1984 (Nr. 7), S. 6 (Anzeige).

Stadtgemeinde Schwaz (Hg.) (1999): Schwaz. Der Weg einer Stadt, Innsbruck: Edition Löwenzahn.

Szabó, Agnes (2012): Europäische Kulturhauptstädte – Eine Bilanz (erschienen am 28.1.2012), online auf www.freitag.de/autoren/der-freitag/europaeische-kulturhauptstaedte-eine-bilanz [4.1.2013].

Said, Edward (1981 [1978]): Orientalismus, Frankfurt am Main: Ullstein.

Schedlmayer, Nina (2012): »Alpensaga«, in: profil (Wien), 23.1.2012.

Schlosser, Hannes (2102): Vent im Ötztal. Alpengeschichte im Über-blick, Innsbruck: Österreichischer Alpenverein.

Schönwiese, Ekkehard (1989): Vorwort zum Programmheft Innsbru-cker Sommerspiele 1989, Innsbruck: o.V., o.S.

Schulze, Gerhard (1992): Die Erlebnisgesellschaft. Kultursoziologie der Gegenwart, Frankfurt am Main: Campus Verlag.

Schulze, Gerhard (2009): »Die Erfindung des Musik Hörens«, in: Mar-tin Tröndle (Hg.): Das Konzert. Neue Aufführungskonzepte für ei-ne klassische Form, Bielefeld: transcript Verlag, S. 45-53.

Schweidlenka, Roman (1994): »Sehnsucht nach dem Archaikum«, in: Hans Haid/Gerlinde Haid (Hg.): Alpenbräuche. Riten und Traditionen in den Alpen. Bad Sauerbrunn: Edition Tau & Tau Type, S. 221-235.

Schweppenhäuser, Gerhard (2007): Ästhetik. Philosophische Grundlagen und Schlüsselbegriffe. Frankfurt am Main: Campus Verlag.

Spotts, Frederic (1994): Bayreuth. Eine Geschichte der Wagner-Festspiele, München: Fink.

Teissl, Verena (2012):»Macht Geld die Welt rund? Betrachtungen zum kuratorischen und ökonomischen Prinzip in der europäischen Kulturarbeit«, in: Gernot Wolfram (Hg.): Kulturmanagement und europäische Kulturarbeit, Bielefeld: transcript Verlag, S. 71-89.

Teissl, Verena/Wolfram, Gernot (2012):»Die Figur des Dritten, die Taktik des Zuschauers und der Kulturbetrieb«, in: Sigrid Bekmeier-Feuerhahn/Karen van den Berg/Steffen Höhne/Rolf Keller/Martin Tröndle/Birgit Mandel/Tasos Zembylas (Hg.): Zukunft Publikum. Jahrbuch für Kulturmanagement 2012. Band 4. Bielefeld: transcript Verlag, S. 53-75.

Teissl, Verena (2013):»How and why film festivals contributed and contribute to the reception of the Latin American Film«, in: Isabel Maurer Queipo (Hg.): Directory of World Cinema: Latin America, Bristol/Chicago: intellect, S. 20-27.

Teuffenbach, Ingeborg (o.J.):»Innsbrucker Wochenend-Gespräche«, in: Christoph Mader (Hg.): Tiroler Kulturbilanz 1970-1980, Innsbruck: Amt der Tiroler Landesregierung, Kulturabteilung, S. 94.

Teuffenbach, Ingeborg (Hg.) (1990): Schnittpunkt Innsbruck: 15 Jahre Innsbrucker Wochenendgespräche. Eine Anthologie, Innsbruck: Hand-Presse.

TKI – Tiroler Kulturinitiativen/IG Kultur Tirol (2009): Pressemitteilung vom 28.10.2009, Innsbruck: Archiv der TKI.

TKI – Tiroler Kulturinitiativen/IG Kultur Tirol (2012): Stärkung zeit-genössischer Kulturarbeit in den Regionen, Download unter http://www.tki.at/tkiwebattachments/articles/417/TKI_KONZEPT_Kulturarbeit_Regionen.pdf [1.7.2013].

Thomas Trenkler (2012): »Boom der Kulturpolitik«, in: Standard 22.10.2012, online auf http://derstandard.at/1350258975382/ Landeshauptmann-als-kulturpolitischer-Ermoeglicher [25.11.2012]

Turan, Kenneth (2003): From Sundance to Sarajevo: Film Festivals and the World they Made. Berkeley, CA: University of California Press.

Ulf, Otto (o.J.): »Alte Musik in Ambras«, in: Christoph Mader (Hg.): Tiroler Kulturbilanz 1970-1980, Innsbruck: Amt der Tiroler Landesregierung, Kulturabteilung, S. 85-86.

Vakianis, Artemis (2012): »Kooperationen als wichtige Überlebensstrategie und zentrale Arbeitsstruktur für Festivals am Beispiel des ›steirischen herbst‹«, in: Gernot Wolfram (Hg.): Kulturmanagement und europäische Kulturarbeit. Tendenzen – Förderungen – Innovationen, Bielefeld: transcript Verlag, S. 155-169.

van den Berg, Karen (2009): »Kreativität. Drei Absagen der Kunst an ihren erweiterten Begriff«, in: Stefan A. Jansen/Eckhard Schröter/Nico Stehr (Hg.): Rationalität der Kreativität? Multidisziplinäre Beiträge zur Analyse der Produktion, Organisation und Bildung der Kreativität, Wiesbaden: VS Verlag, S. 207-224.

Weiermair, Peter (o.J.): »1962-1980 Ein Kurzstenogramm…«, in: Christoph Mader (Hg.): Tiroler Kulturbilanz 1970-1980, Innsbruck: Amt der Tiroler Landesregierung, Kulturabteilung, S. 74.

Weiler, Max (o.J.): »Ich fühle mich mitten in der Entwicklung«, in: Christoph Mader (Hg.): Tiroler Kulturbilanz 1970-1980, Innsbruck: Amt der Tiroler Landesregierung, Kulturabteilung, S. 62.

Williams, Raymond (1958, dt. 1972): Gesellschaftstheorie als Begriffsgeschichte, Studien zur historischen Semantik von »Kultur«, München: Reihe Passagen, Verlag Rogner & Bernhard.

Wimmer, Erika (2006): »Gehversuche – Die 1950er auf der Bühne«, in: Christine Riccabona/Erika Wimmer/Milena Meller: die österreichischen jugendkulturwochen 1950-1969 in innsbruck, Innsbruck: StudienVerlag, S. 69-80.

Wimmer, Erika (2006): »Das ›dramatische‹ Jahr 1969«, in: Christine Riccabona/Erika Wimmer/Milena Meller: die österreichischen jugendkulturwochen 1950-1969 in innsbruck, Innsbruck: Studien-Verlag, S. 257-269.

Wimmer, Erika (2006): »Proteste, die Folgen und das Ende«, in: Christine Riccabona/Erika Wimmer/Milena Meller: die österreichischen jugendkulturwochen 1950-1969 in innsbruck, Innsbruck: Studien-Verlag, S. 269-309.

Wimmer, Michael (2011): Kultur und Demokratie. Eine systematische Darstellung von Kulturpolitik in Österreich, Innsbruck: Studien-Verlag.

Zembylas, Tasos (1997): Kunst oder Nichtkunst. Über Bedingungen und Instanzen ästhetischer Beurteilung, Wien: WUV Universitäts-verlag.

Zembylas, Tasos (2004): Kulturbetriebslehre. Grundlagen einer Inter-Disziplin. Wiesbaden: VS Verlag.

Zembylas, Tasos/Alton, Juliane (2011): Evaluierung der Kulturförderung in Graz. Endbericht. PDF-Download auf http://personal.mdw. ac.at/zembylas/Texte/Studie_Evaluierung_der_Kulturfoerderung_ in_Graz.pdf [12.12.2012]

Zembylas, Tasos/Tschmuck, Peter (Hg.) (2005): Der Staat als kulturfördernde Instanz, Innsbruck: StudienVerlag.

ONLINEQUELLEN

http://www.baettle.net/index.php?id=12 [9.7.2013].

http://www.bmukk.gv.at/kultur/bm/Kultur_Kulturbericht_1991738.xml [14.6.2013].

http://www.bmukk.gv.at/kultur/foerderungen/index.xml [14.6.2013].

http://www.bmukk.gv.at/kunst/bm/kunstberichte.xml [14.6.2013].

http://www.bmukk.gv.at/kunst/foerderungen/index.xml [14.6.2013].

http://www.brucknerhaus.at/www1/de/programm/kw_idee.php [13.5.2013].

http://www.buehnefrei.at/verein.html [19.5.2013].

http://ec.europa.eu/culture/portal/sites/members/austria_de.htm [14.6.2013].

http://ec.europa.eu/culture/portal/sites/members/austria_de.htm [14.6.2013].

http://ec.europa.eu/dgs/education_culture/evalreports/culture/2011/eco csum_de.pdf: II [16.12.2012].

http//www.efa-aef.eu/en/association/home/history [23.4.2012].

http://fdr.at/new/uber [8.7.2012].

http://www.heidelberger-fruehling.de/content/festival_2013/tagung/ index_ger.html [14.6.2013].

http://www.hofherr.com/a/P8/hofherr/Blog/BlogContent?blogid=1555 [5.3.2013].

http://www.innsbruck.gv.at/page.cfm?vpath=bildung--kultur/ kulturprojekte/innsbrucker-strassentheater [12.5.2013].

http://www.innsbruckinternational.at/team.html [1.7.2013].

http://intra.fdr.at/fdr/fdr93/index93.html [5.3.2013].

http://issuu.com/innsbruckinformiert/docs/_innsbrucker_stadtnachricht en_198902_nr02_gesamt [1.7.2013].

http://www.iwk.at [25.12.2012].

http://www.kufsteinunlimited.at/Konzept [14.6.2013].

http://kultur.tirol.at/de/artikel/29145/stimmenvielfalt-beim-stummer-schrei%9C-nr-5 [4.6.2013].

http://www.linz.at/geschichte/de/989.asp [1.7.2013].

http://mwi.unibas.ch/forschung/tagungensymposien/archiv/die-donaueschinger-kammermusiktage-1921-1926 [23.12.2012].

http://oe1.orf.at/artikel/213077 [12.5.2013].

http://www.promenadenkonzerte.at [14.6.2013].

http://rotate.autark-net.org [10.7.2013].

http://www.salzburgerfestspiele.at/geschichte [23.4.2012].

http://www.schwaz.at/2012/02/23/silbersommer-2012-autorenwettbewerb-alte-mauern-neuer-geist [5.5.2013].

http://www.sprachsalz.com/presse [1.7.2013].

http://www.statistik.at/web_de/statistiken/bildung_und_kultur/kultur/
kulturfinanzierung/index.html [14.6.2013].

http://www.statistik.at/web_de/statistiken/bildung_und_kultur/kultur/
kulturfinanzierung/021557.html [14.6.2013].

http://www.steirischerherbst.at/2012/micro/deutsch/festival.php
[18.3.2012].

http://www.swr.de/swr2/donaueschingen/ueberuns/-
/id=2136968/nid=2136968/did=1612452/mpdid=2177342/v59l3h/i
ndex.html [5.3.2013].

http://tirol.orf.at/news/stories/2536035 [16.6.2013].

http://www.tki.at/tki-open/tki-open-14.html [1.6.2013].

http://www.volksschauspiele.at/index.php?article_id=12 [28.8.2012].

http://www.wochenendgespraeche.at/2012/geschichte.html
[26.12.2012].

Anhang

Legende

BK: Bildende Künste (inkl. Architektur)
DK: Darstellende Künste (Theater, Kleinkunst, Tanz, Film)
I: Interdisziplinär
L: Literatur
M: Musik (Konzertant, Musiktheater)

Anordnung: Bezirke alphabetisch, Veranstaltungen chronologisch
Auflagen: Stichjahr 2013

Abbildung 5: Kulturveranstaltungen in Tirol (eigene Darstellung)

Veranstaltung	Ort(e)	Gründung	Auflagen	Sparte
Bezirk Imst				
Ötztaler Filmtage	Längenfeld	1987	nicht bekannt	DK
Alpentöne	Obergurgl	1991	22	M
Laurentiuskonzerte Imst	Imst	1993	20	M
Freistaat Burgstein	Längenfeld	1995	18	I
TschirgArt Jazzfestival	Imst	2003	11	M
Dialektmusikfestival mundartgerecht	Längenfeld	2012	2	M
Electric Mountain Festival	Sölden	2012	2	M

Innsbruck Stadt				
Ambraser Schlosskonzerte	Innsbruck	1963	50	M
Paul-Hofhaimer-Wettbewerb	Innsbruck	1971	17	M
Innsbrucker Festwochen der Alten Musik	Innsbruck	1976	37	M
Innsbrucker Wochenendgespräche	Innsbruck	1977	36	L
Innsbrucker Straßentheater	Innsbruck	1984	32	DK
Festival der Träume	Innsbruck	1990	23	DK
Internationales Film Festival Innsbruck	Innsbruck	1992	22	DK
Tanzsommer Innsbruck	Innsbruck	1995	19	DK
Innsbrucker Promenadenkonzerte	Innsbruck	1995	19	M
Innsbrucker Premierentage	Innsbruck	1998	13	BK
New Orleans Festival	Innsbruck	1999	15	M
Polit-Film-Festival	Innsbruck	2001	12	DK
Architekturtage	Innsbruck	2002	6	BK
Tiroler Dramatikerfestival	Innsbruck	2002	7	DK
Nordkette Wetterleuchten	Innsbruck	2003	11	M
Freies Theaterfestival	Innsbruck	2008	3	DK
Innsbrucker Naturfilmtage	Innsbruck	2008	6	DK
Internationales Erzählkunstfestival Innsbruck	Innsbruck	2008	5	I
Filmfest rejected	Innsbruck	2009	5	DK
Heart of Noise	Innsbruck	2011	3	M
Innsbruck Land				
Tiroler Volksschauspiele Telfs	Telfs (1981 Hall)	1981	32	DK
Osterfestival Tirol	Hall/ Innsbruck	1989	25	I
Schlossbergspiele Thaur	Thaur	2001	8	DK

Sprachsalz – Internationale Tiroler Literaturtage Hall	Hall	2002	11	L
Musik im Riesen	Wattens	2004	10	M
Sommertheater Hall	Hall	2006	3	DK
Musiktage der Olympiaregion Seefeld	Seefeld/ Leutasch/ Mösern	2009	5	M
Haller Gassenspiele	Hall	2011	3	DK
Bergkristall Festival	Seefeld	2012	2	M
Orglfest	Hall	2012	2	M
fmRiese - Forward Music Festival	Wattens	2012	2	M
Bezirk Kitzbühel				
Kitzbühler Sommerkonzerte	Kitzbühel	1978	35	M
Sommertheater Kitzbühel	Kitzbühel	2000	12	DK
artacts	St. Johann in Tirol	2001	13	M
Steinbach Boogie Woogie & Blues Festival	Kitzbühel	2004	10	M
Kitz Sommernächte	Kitzbühel	2011	3	M
Bezirk Kufstein				
Schlossbergspiele Rattenberg	Rattenberg	1951	60	DK
Avantgarde Tirol	Rattenberg	1993	19	M
Kammermusikfest Hopfgarten	Hopfgarten i. Brixental	1995	19	M
Tiroler Festspiele Erl Sommer	Erl	1998	16	M
Kreuzgangkonzerte	Rattenberg	1999	15	M
Operetten Sommer Kufstein	Kufstein	2007	7	M
Tiroler Beethoven-Tage	Thiersee u.a.	2009	7	M
Kufstein unlimited	Kufstein	2011	3	M
Tiroler Festspiele Erl Winter	Erl	2012	2	M

Bezirk Landeck				
Arlberger Kulturtage	St. Anton am Arlberg	1992	22	I
Filmfest St. Anton	St. Anton am Arlberg	1995	19	DK
Bezirk Osttirol				
Olala – Internationales Straßentheaterfestival Lienz	Lienz	1992	22	DK
Osttiroler Naturgeschichten	St. Jakob in Defereggen	2009	5	L
Bezirk Reutte				
Geierwally Freilichtbühne	Elbigenalp	1993	20	I
Bezirk Schwaz				
Schwazer Sommerkonzerte	Schwaz	1948	65	M
Outreach Academy und Festival	Schwaz	1993	20	M
Klangspuren Schwaz – Festival Zeitgenössischer Musik	Schwaz/ Innsbruck/ Wattens u.a.	1994	20	M
Schwazer Silbersommer	Schwaz	1994	20	I
Stummer Schrei	Stumm im Zillertal/ Innsbruck	2003	5	I
Theaterfestival Steudltenn	Uderns	2011	3	DK
DIVA – Internationales Monodrama Festival Österreich	Tux im Zillertal	2011	2	DK
Altitude Comedy Festival	Mayerhofen	2011	3	DK
achsensee.literatour	Achensee	2012	2	L

Schriften zum Kultur- und Museumsmanagement

BARBARA ALDER, BARBARA DEN BROK
Die perfekte Ausstellung
Ein Praxisleitfaden zum Projektmanagement
von Ausstellungen
(2., unveränderte Auflage 2013)

2012, 264 Seiten, kart., zahlr. Abb., 25,80 €,
ISBN 978-3-8376-1489-3

PATRICK S. FÖHL, PATRICK GLOGNER
Kulturmanagement als Wissenschaft
Überblick – Methoden – Arbeitsweisen.
Einführung für Studium und Praxis

August 2014, ca. 150 Seiten, kart., ca. 13,80 €,
ISBN 978-3-8376-1164-9

ANDREA HAUSMANN (HG.)
Handbuch Kunstmarkt
Akteure, Management und Vermittlung

Februar 2014, ca. 450 Seiten, kart., ca. 29,80 €,
ISBN 978-3-8376-2297-3

Leseproben, weitere Informationen und Bestellmöglichkeiten
finden Sie unter www.transcript-verlag.de

Schriften zum Kultur- und Museumsmanagement

Birgit Mandel
Interkulturelles Audience Development
Zukunftsstrategien für öffentlich geförderte Kultureinrichtungen

März 2013, 254 Seiten, kart., 24,80 €,
ISBN 978-3-8376-2421-2

Carl Christian Müller,
Michael Truckenbrodt
Handbuch Urheberrecht im Museum
Praxiswissen für Museen, Ausstellungen, Sammlungen und Archive

Januar 2014, ca. 200 Seiten, kart., ca. 25,80 €,
ISBN 978-3-8376-1291-2

Ina Ross
Wie überlebe ich als Künstler?
Eine Werkzeugkiste für alle, die sich selbst vermarkten wollen

August 2013, 192 Seiten, kart., zahlr. Abb., 19,80 €,
ISBN 978-3-8376-2304-8

Leseproben, weitere Informationen und Bestellmöglichkeiten
finden Sie unter www.transcript-verlag.de

Schriften zum Kultur- und Museumsmanagement

LORRAINE BLUCHE,
CHRISTINE GERBICH,
SUSAN KAMEL,
SUSANNE LANWERD,
FRAUKE MIERA (HG.)
NeuZugänge
Museen, Sammlungen
und Migration.
Eine Laborausstellung

Mai 2013, 200 Seiten,
kart., zahlr. Abb., 29,80 €,
ISBN 978-3-8376-2381-9

SUSANNE GESSER,
MARTIN HANDSCHIN,
ANGELA JANNELLI,
SIBYLLE LICHTENSTEIGER (HG.)
Das partizipative Museum
Zwischen Teilhabe und
User Generated Content.
Neue Anforderungen an
kulturhistorische Ausstellungen

2012, 304 Seiten, kart., 28,80 €,
ISBN 978-3-8376-1726-9

SUSAN KAMEL,
CHRISTINE GERBICH (HG.)
Experimentierfeld Museum
Internationale Perspektiven
auf Museum, Islam und Inklusion

Januar 2014, ca. 240 Seiten,
kart., zahlr. Abb., ca. 29,80 €,
ISBN 978-3-8376-2380-2

YVONNE LEONARD (HG.)
Kindermuseen
Strategien und Methoden
eines aktuellen Museumstyps

2012, 272 Seiten, kart.,
zahlr. z.T. farb. Abb., 27,80 €,
ISBN 978-3-8376-2078-8

TOBIAS G. NATTER,
MICHAEL FEHR,
BETTINA HABSBURG-
LOTHRINGEN (HG.)
Die Praxis der Ausstellung
Über museale Konzepte auf Zeit
und auf Dauer

2012, 258 Seiten, kart., 29,80 €,
ISBN 978-3-8376-1862-4

GERDA RIDLER
**Privat gesammelt –
öffentlich präsentiert**
Über den Erfolg eines
neuen musealen Trends
bei Kunstsammlungen

2012, 468 Seiten, kart., zahlr. Abb., 39,80 €,
ISBN 978-3-8376-2227-0

WOLFGANG SCHNEIDER (HG.)
Künstler. Ein Report
Porträts und Gespräche
zur Kulturpolitik

März 2013, 302 Seiten, kart., 24,80 €,
ISBN 978-3-8376-2287-4

PETRA SCHNEIDEWIND,
MARTIN TRÖNDLE (HG.)
Selbstmanagement im Musikbetrieb
Ein Handbuch für Kulturschaffende
(2., komplett überarbeitete Auflage)

2012, 384 Seiten, kart., 27,80 €,
ISBN 978-3-8376-1660-6

CHRISTIANE SCHRÜBBERS (HG.)
Moderieren im Museum
Theorie und Praxis der dia-
logischen Besucherführung

August 2013, 256 Seiten,
kart., zahlr. Abb., 26,80 €,
ISBN 978-3-8376-2161-7

**Leseproben, weitere Informationen und Bestellmöglichkeiten
finden Sie unter www.transcript-verlag.de**